100 FATTI INCREDIBILI SUL CALCIO

CURIOSITÀ NASCOSTE DAL MONDO DEL PALLONE CHE UN VERO TIFOSO NON PUÒ NON CONOSCERE

GRAZIE PER AVER ACQUISTATO QUESTO LIBRO!

PER RINGRAZIARTI TI OFFRIAMO GRATUITAMENTE <u>3 BONUS:</u>

| 50 FATTI EXTRA SUL MONDO DEL CALCIO; | 20 VIDEO INCREDIBILI SUL MONDO DEL PALLONE; | UN ESTRATTO DEL NOSTRO LIBRO 'ATTIVITÀ SUL CALCIO'. |

<u>QUESTO OMAGGIO È DEDICATO SOLAMENTE AI LETTORI DI QUESTO LIBRO.</u>

SCANSIONA IL QR CODE CHE TROVI NELLA PAGINA ACCANTO PER ACCEDERE AL TUO BONUS E PER RICEVERE ANTEPRIME ESCLUSIVE DELLE NOSTRE NUOVE PUBBLICAZIONI.

PRENDITI DUE MINUTI PER EFFETTUARE LA REGISTRAZIONE COSÌ POSSIAMO SUBITO AVVENTURARCI NEL MAGICO MONDO DEL CALCIO.

DETTO CIÒ, TI LASCIAMO ALLA LETTURA DEL LIBRO, SPERANDO CHE LE INFORMAZIONI TI SIANO UTILI PER APPROFONDIRE IL LATO DIVERTENTE DEL PALLONE.

BUONA LETTURA!

1

In Cina, i primi palloni da calcio furono realizzati con abiti cuciti e riempiti di pietrisco. In Europa durante il Medioevo, i palloni da calcio invece erano realizzati con vesciche di maiale gonfiate.

A partire dal XX secolo, fu adoperata una camera d'aria interna in gomma, ricoperta da 12 strisce di cuoio non impermeabili.

Ai giorni nostri, i rivestimenti utilizzano pelle sintetica realizzata in PVC (Polivinilderivati) o PU (Poliuretano).

Oggi il Pakistan è il maggior produttore di palloni da calcio di tutto il mondo, ne produce circa il 40%!

2

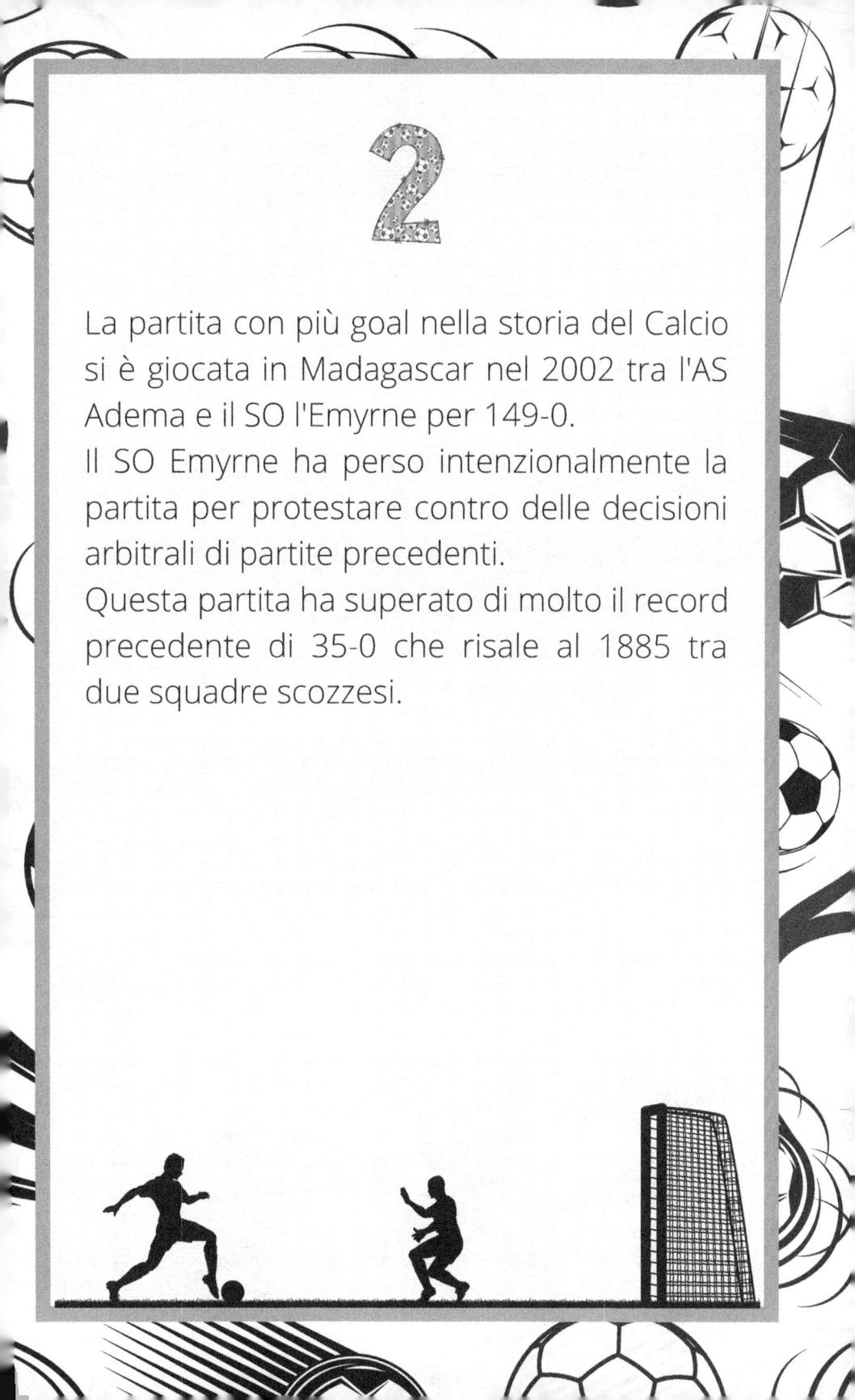

La partita con più goal nella storia del Calcio si è giocata in Madagascar nel 2002 tra l'AS Adema e il SO l'Emyrne per 149-0.

Il SO Emyrne ha perso intenzionalmente la partita per protestare contro delle decisioni arbitrali di partite precedenti.

Questa partita ha superato di molto il record precedente di 35-0 che risale al 1885 tra due squadre scozzesi.

3

Il record di espulsioni nella Serie A è stato registrato nella stagione 97/98 tra Sampdoria e Piacenza.

Al contrario di come molti potrebbero pensare, non ci furono risse bensì le cronache dell'epoca parlano di un'eccessiva fiscalità da parte dell'arbitro.

La partita terminò 8 contro 9 e con 10 ammonizioni totali.

4

In una partita tra West Ham e Newcastle, Alvin Martin segnò una tripletta contro tre portieri differenti del Newcastle tutti nella stessa partita.

Il match terminò sul risultato di 8-1 e ad oggi questo record rimane unico nel suo genere.

5

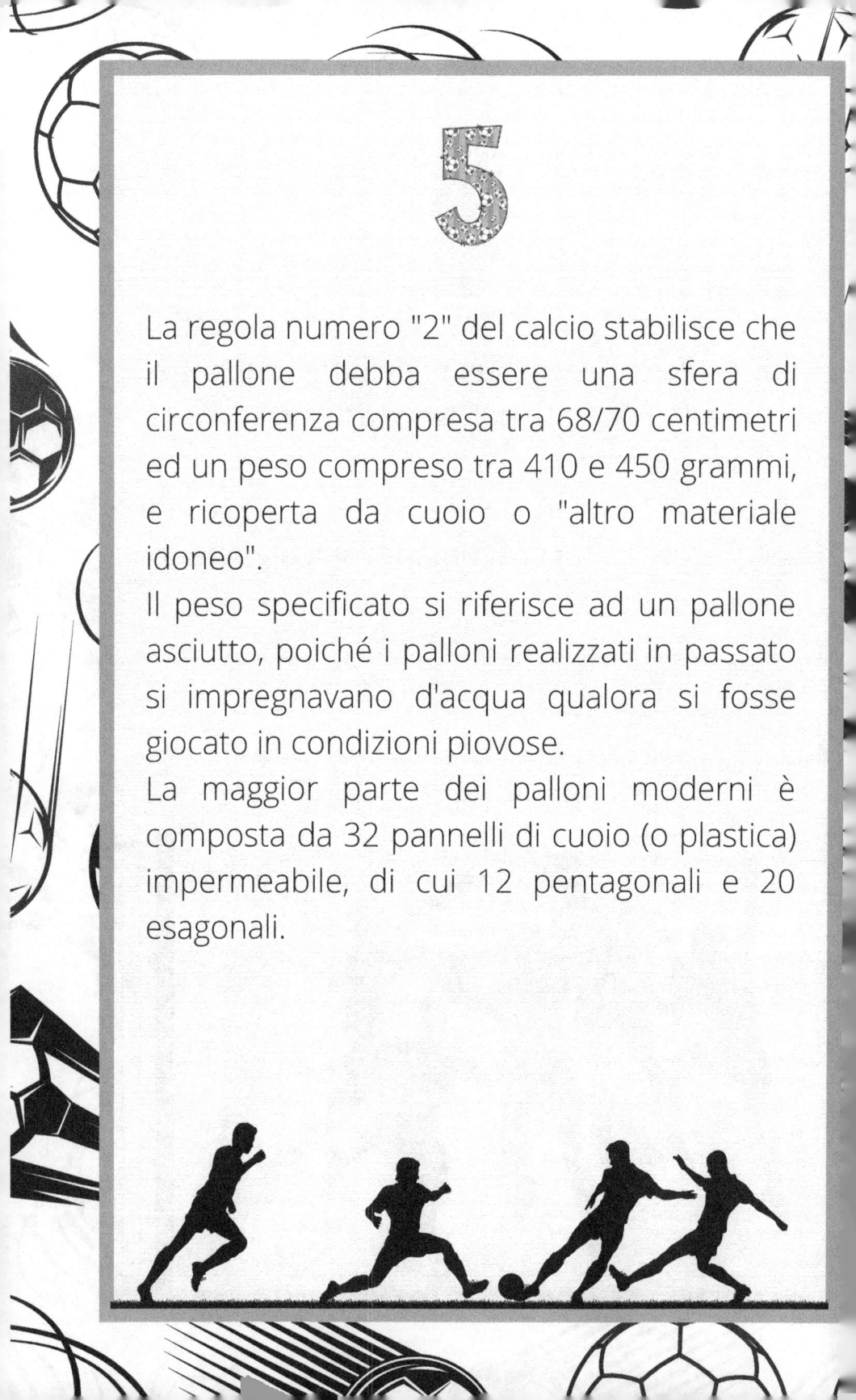

La regola numero "2" del calcio stabilisce che il pallone debba essere una sfera di circonferenza compresa tra 68/70 centimetri ed un peso compreso tra 410 e 450 grammi, e ricoperta da cuoio o "altro materiale idoneo".

Il peso specificato si riferisce ad un pallone asciutto, poiché i palloni realizzati in passato si impregnavano d'acqua qualora si fosse giocato in condizioni piovose.

La maggior parte dei palloni moderni è composta da 32 pannelli di cuoio (o plastica) impermeabile, di cui 12 pentagonali e 20 esagonali.

6

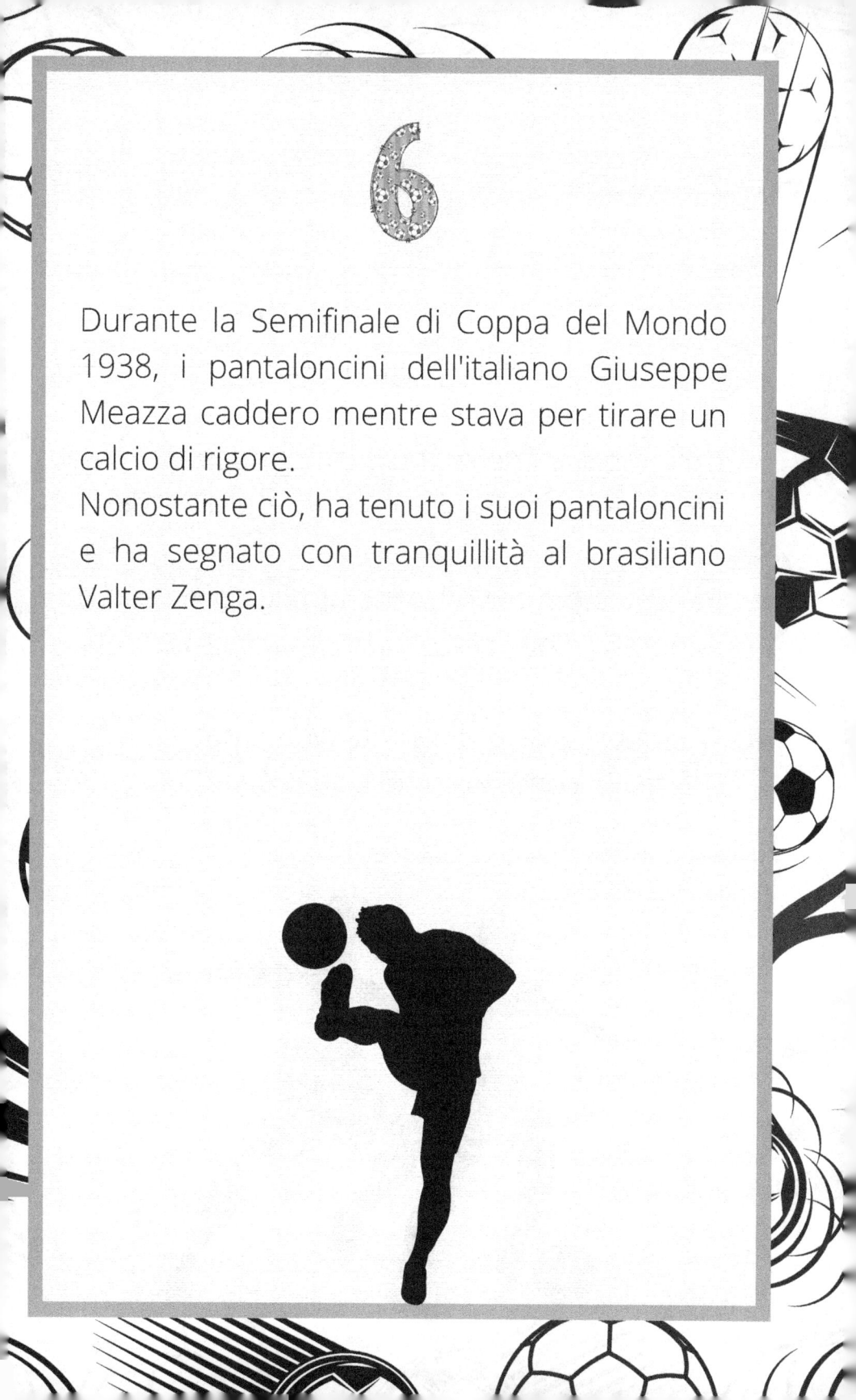

Durante la Semifinale di Coppa del Mondo 1938, i pantaloncini dell'italiano Giuseppe Meazza caddero mentre stava per tirare un calcio di rigore.
Nonostante ciò, ha tenuto i suoi pantaloncini e ha segnato con tranquillità al brasiliano Valter Zenga.

7

Uno dei primi casi registrati di calcio moderno fu nella prigione di Newgate nei primi anni del 1800.

I prigionieri, che erano stati condannati per furto, furono puniti con la perdita delle mani.

Per questo motivo hanno applicato le regole generali del gioco del calcio con la necessaria aggiunta di giocare senza mani. Questa regola è diventata una caratteristica del calcio come lo conosciamo oggi.

8

Cristiano Ronaldo detiene il record del maggior numero di goal segnati da un giocatore ancora attivo e detiene anche il record del maggior numero di goal alla Coppa del Mondo FIFA e alla UEFA Champions League.

Uno dei motivi per cui Ronaldo può segnare così spesso è che può saltare 2.56 metri, 0.13 metri più in alto del record olimpico stabilito dal saltatore cubano Javier Sotomayor nel 1993.

9

Nel 2000 il giocatore celtico di Cross Farm Park, Lee Todd, ricevette un cartellino rosso dopo aver imprecato per il volume del fischio solo due secondi dopo l'inizio del match.
Fu immediatamente espulso dal campo e bandito dai campi da gioco per oltre un mese.

10

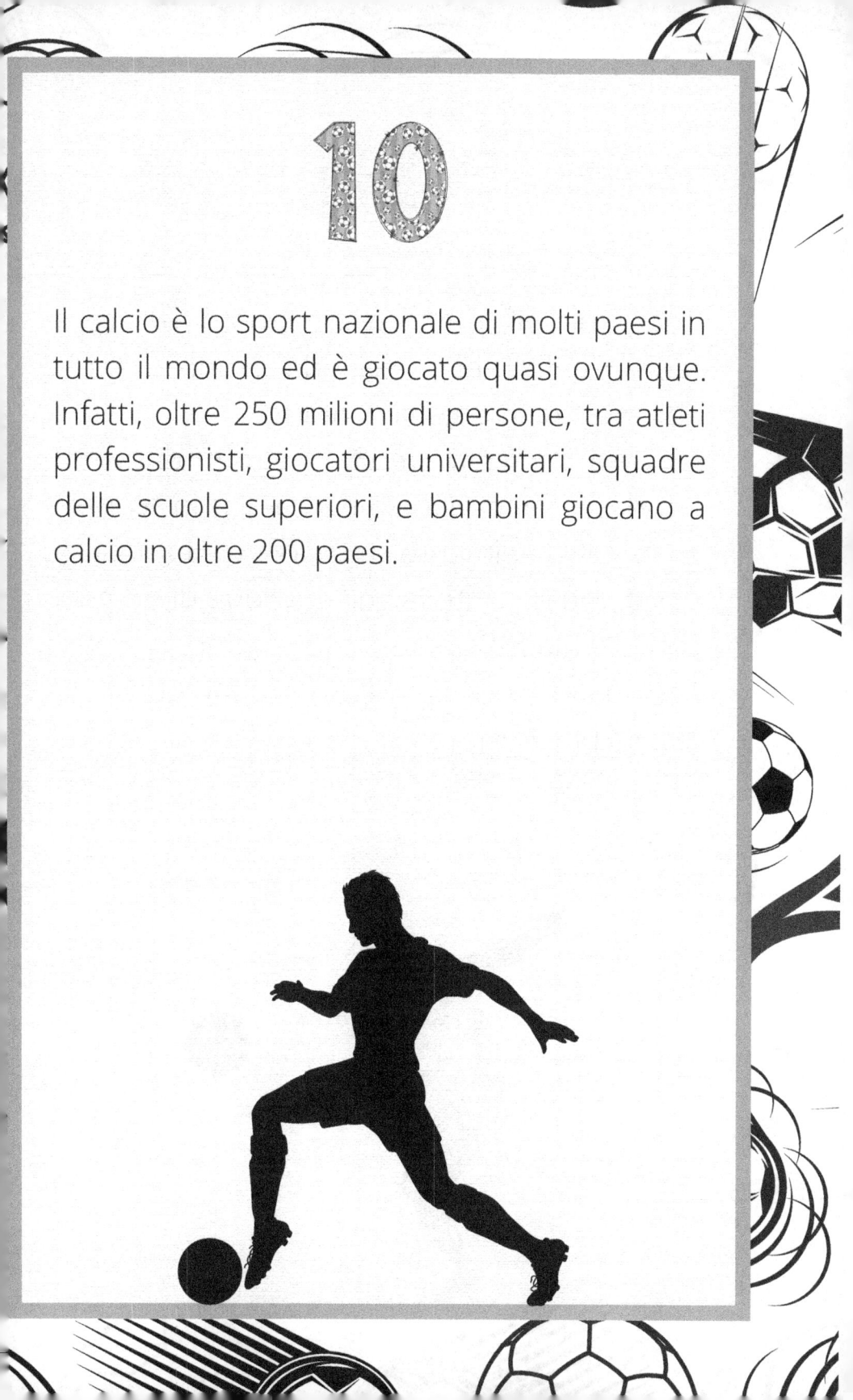

Il calcio è lo sport nazionale di molti paesi in tutto il mondo ed è giocato quasi ovunque. Infatti, oltre 250 milioni di persone, tra atleti professionisti, giocatori universitari, squadre delle scuole superiori, e bambini giocano a calcio in oltre 200 paesi.

11

Come tutti gli sport, il calcio è noto per avere molti infortuni essendo uno sport abbastanza fisico e di contatto.

La cosa particolare è che 1 su 20 di questi infortuni non avviene a causa di uno scontro o di un cedimento muscolare durante il gioco, ma durante la celebrazione di un goal con la squadra!

Fortunatamente, di solito non sono queste le lesioni più gravi.

12

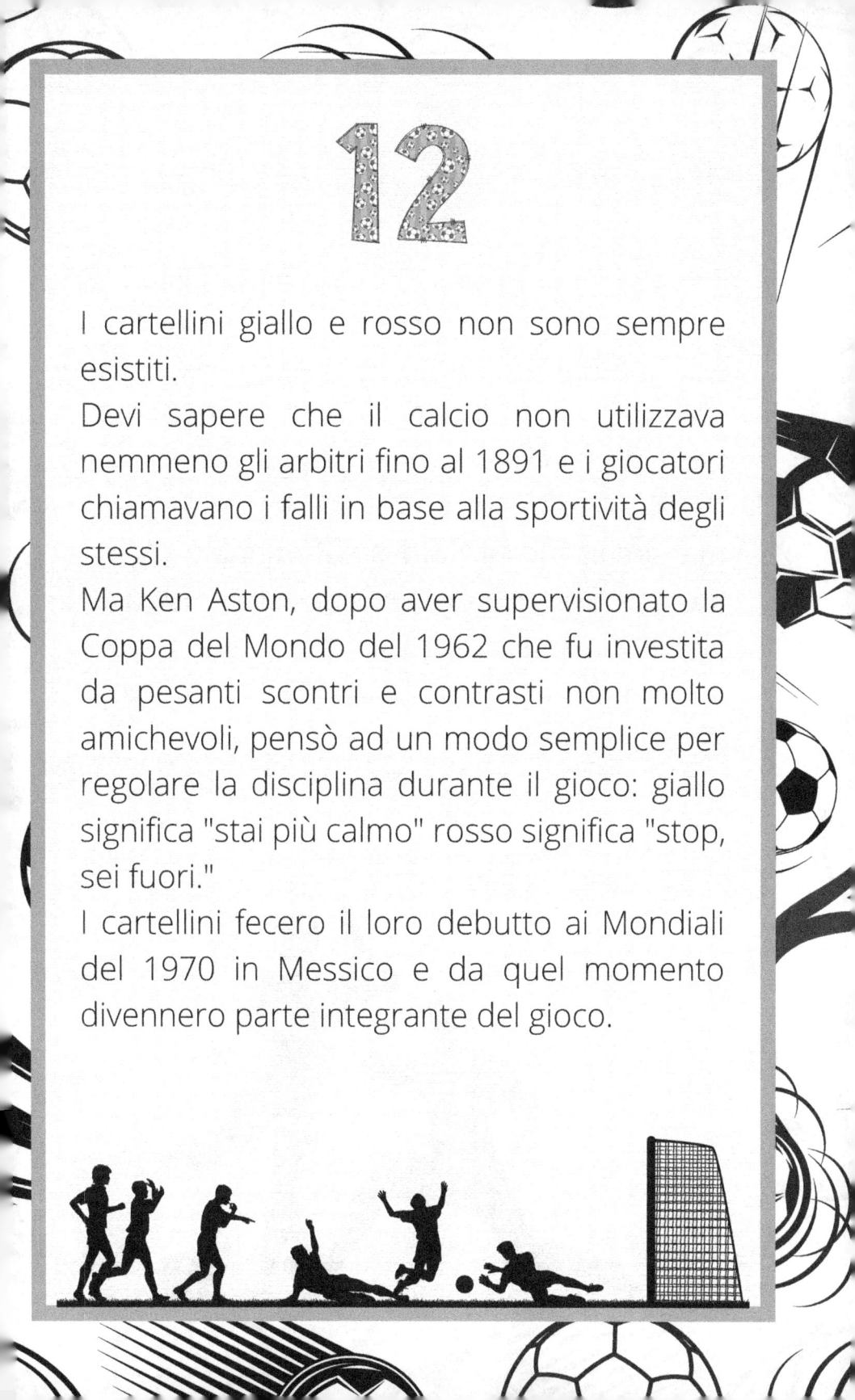

I cartellini giallo e rosso non sono sempre esistiti.

Devi sapere che il calcio non utilizzava nemmeno gli arbitri fino al 1891 e i giocatori chiamavano i falli in base alla sportività degli stessi.

Ma Ken Aston, dopo aver supervisionato la Coppa del Mondo del 1962 che fu investita da pesanti scontri e contrasti non molto amichevoli, pensò ad un modo semplice per regolare la disciplina durante il gioco: giallo significa "stai più calmo" rosso significa "stop, sei fuori."

I cartellini fecero il loro debutto ai Mondiali del 1970 in Messico e da quel momento divennero parte integrante del gioco.

13

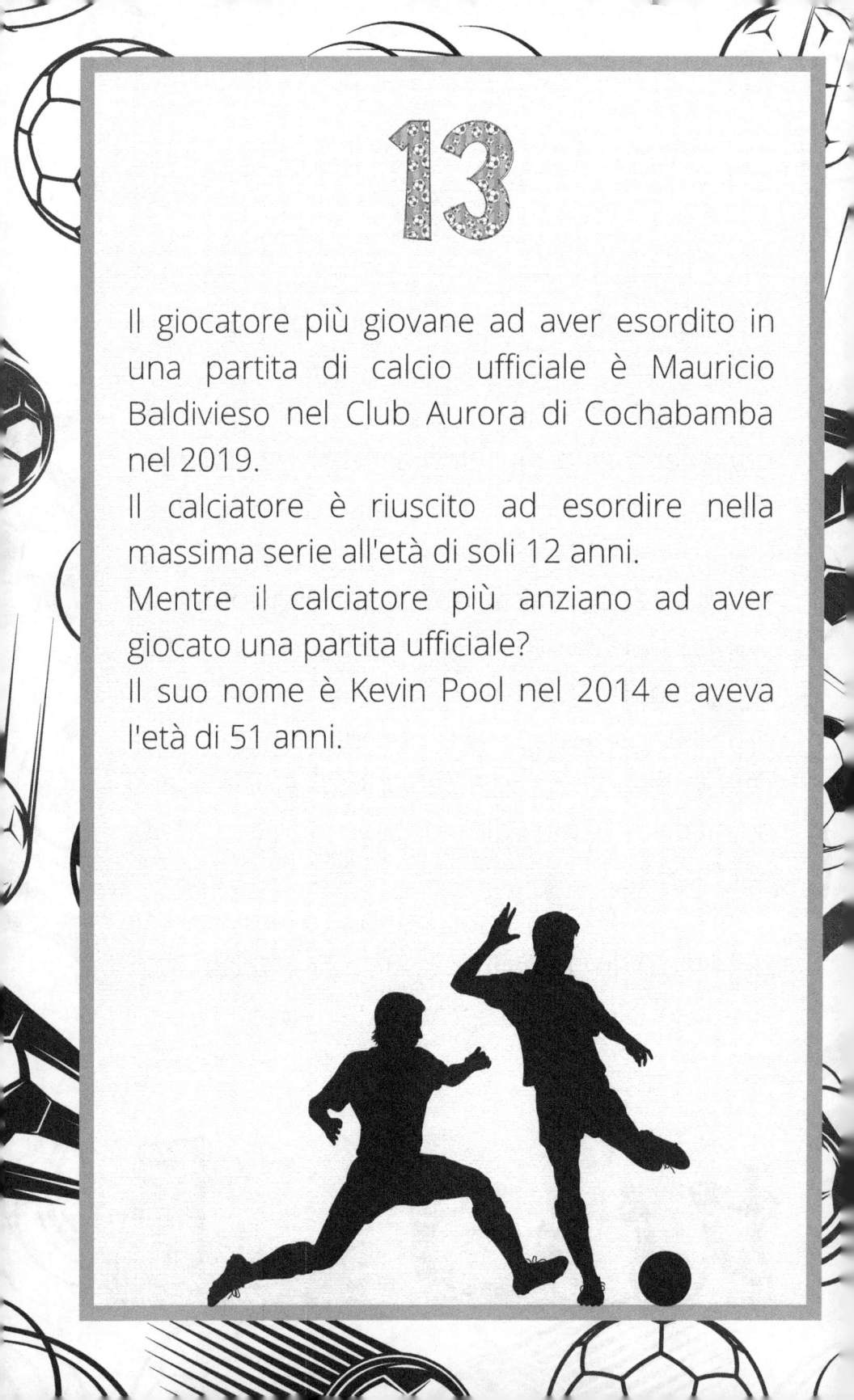

Il giocatore più giovane ad aver esordito in una partita di calcio ufficiale è Mauricio Baldivieso nel Club Aurora di Cochabamba nel 2019.
Il calciatore è riuscito ad esordire nella massima serie all'età di soli 12 anni.
Mentre il calciatore più anziano ad aver giocato una partita ufficiale?
Il suo nome è Kevin Pool nel 2014 e aveva l'età di 51 anni.

14

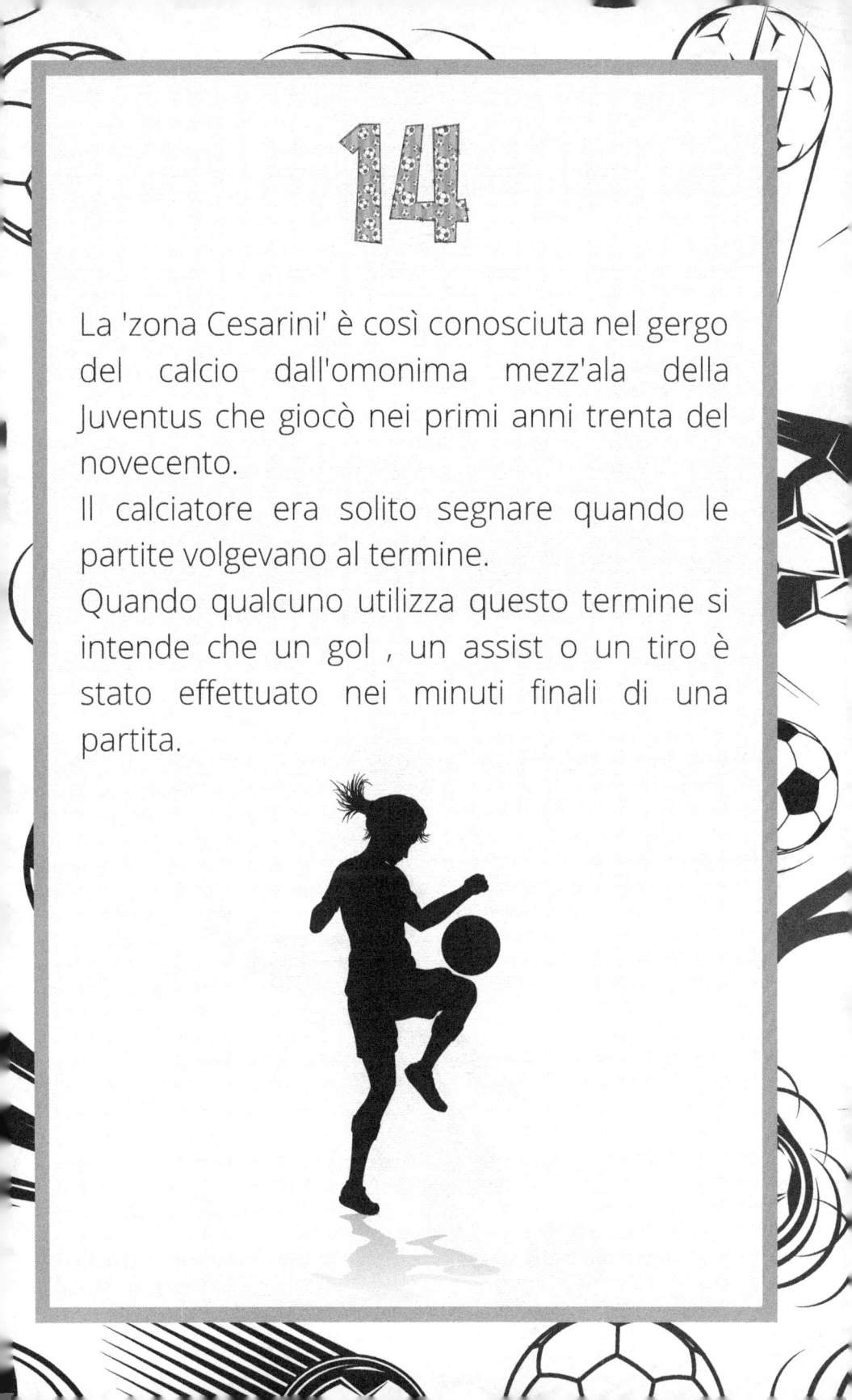

La 'zona Cesarini' è così conosciuta nel gergo del calcio dall'omonima mezz'ala della Juventus che giocò nei primi anni trenta del novecento.

Il calciatore era solito segnare quando le partite volgevano al termine.

Quando qualcuno utilizza questo termine si intende che un gol , un assist o un tiro è stato effettuato nei minuti finali di una partita.

15

L'anno 2021 si è chiuso con la vittorie del campionato olandese da parte dell'Ajax. Dušan Tadić è stato senza dubbio uno dei protagonisti di questa squadra (di cui è anche capitano) chiudendo l'anno solare con 37 assist, mai nessuno come lui.

Il record precedente era di Lionel Messi con 36 assist all'attivo.

16

Richard Wright, un portiere che ha giocato nella nazionale inglese, durante il riscaldamento pre match di FA Cup del 2006 tra Chelsea ed Everton, ebbe un infortunio a causa di un cartello che si trovava proprio all'interno della porta in cui si stava allenando.

La cosa incredibile è che il cartello era lì per avvisare il portiere di non utilizzare la porta per effettuare il riscaldamento, ma di andare ad utilizzare le porticine più piccole che si trovavano a lato del campo.

17

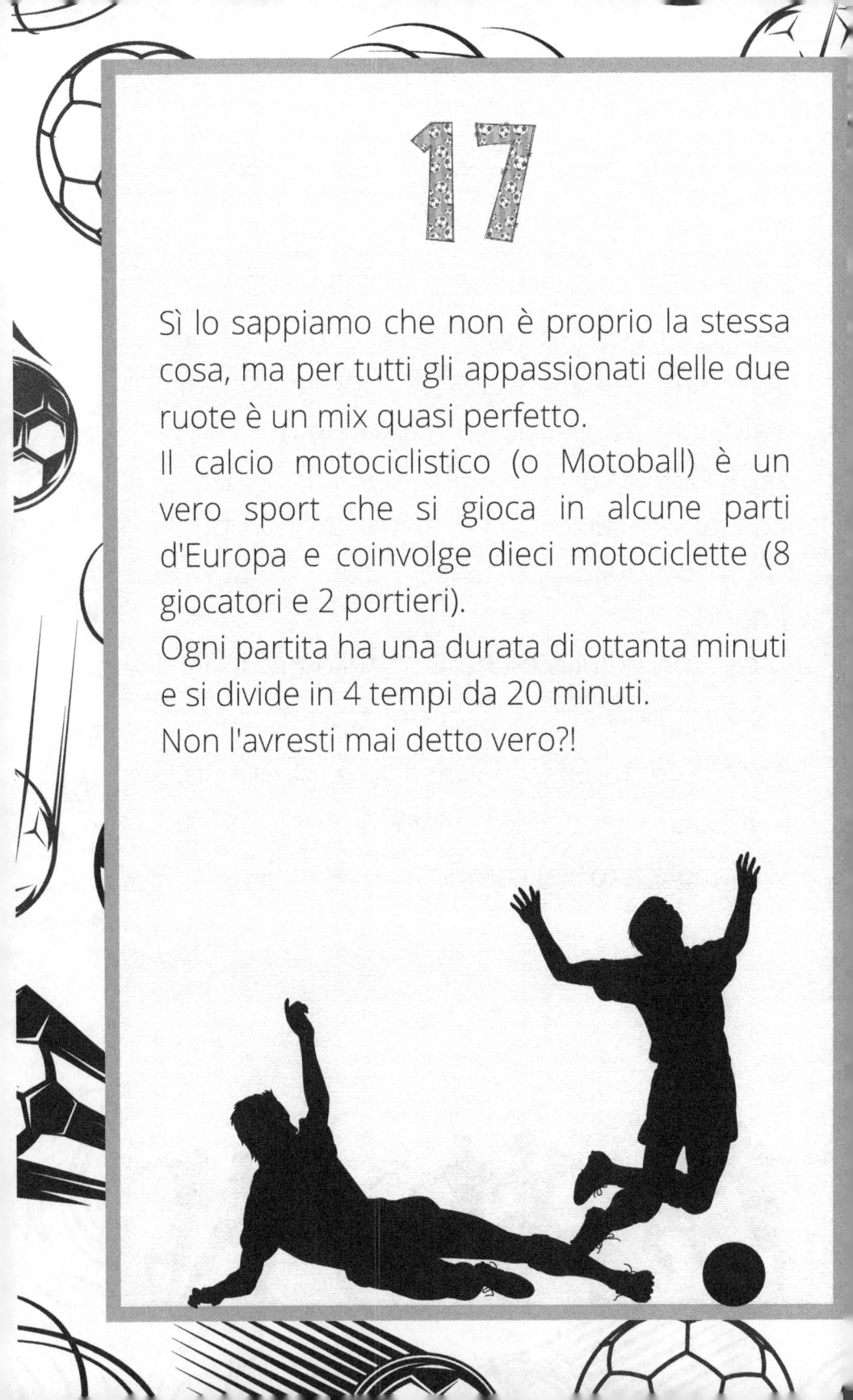

Sì lo sappiamo che non è proprio la stessa cosa, ma per tutti gli appassionati delle due ruote è un mix quasi perfetto.
Il calcio motociclistico (o Motoball) è un vero sport che si gioca in alcune parti d'Europa e coinvolge dieci motociclette (8 giocatori e 2 portieri).
Ogni partita ha una durata di ottanta minuti e si divide in 4 tempi da 20 minuti.
Non l'avresti mai detto vero?!

18

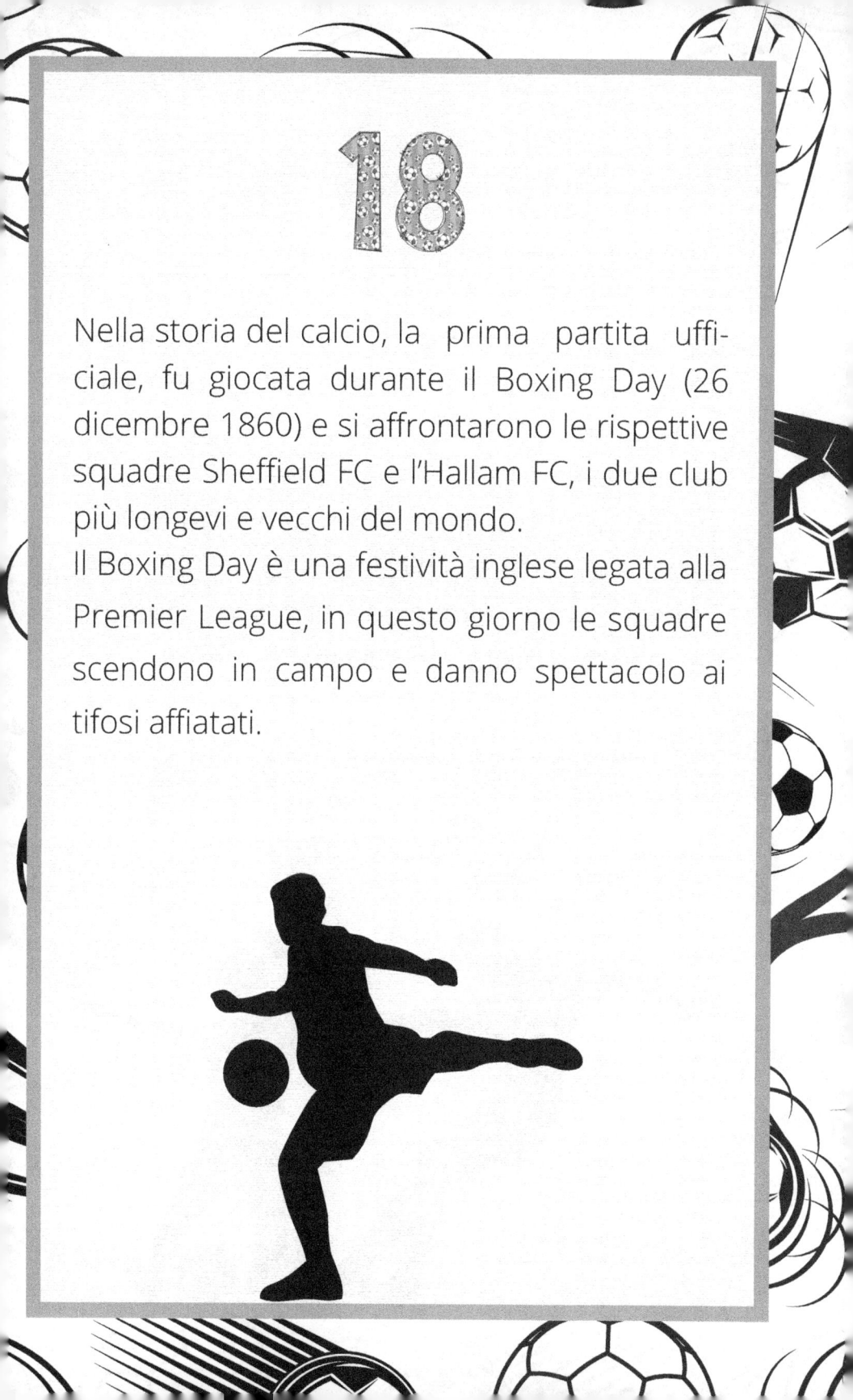

Nella storia del calcio, la prima partita ufficiale, fu giocata durante il Boxing Day (26 dicembre 1860) e si affrontarono le rispettive squadre Sheffield FC e l'Hallam FC, i due club più longevi e vecchi del mondo.
Il Boxing Day è una festività inglese legata alla Premier League, in questo giorno le squadre scendono in campo e danno spettacolo ai tifosi affiatati.

19

Prima di scendere in campo Cristiano Ronaldo, durante la preparazione nello spogliatoio, indossa sempre per primo il calzino destro.
In campo entra per ultimo facendo il primo passo con lo stesso piede.
Questa sua superstizione arriva da quando ha iniziato a militare nel Real.

20

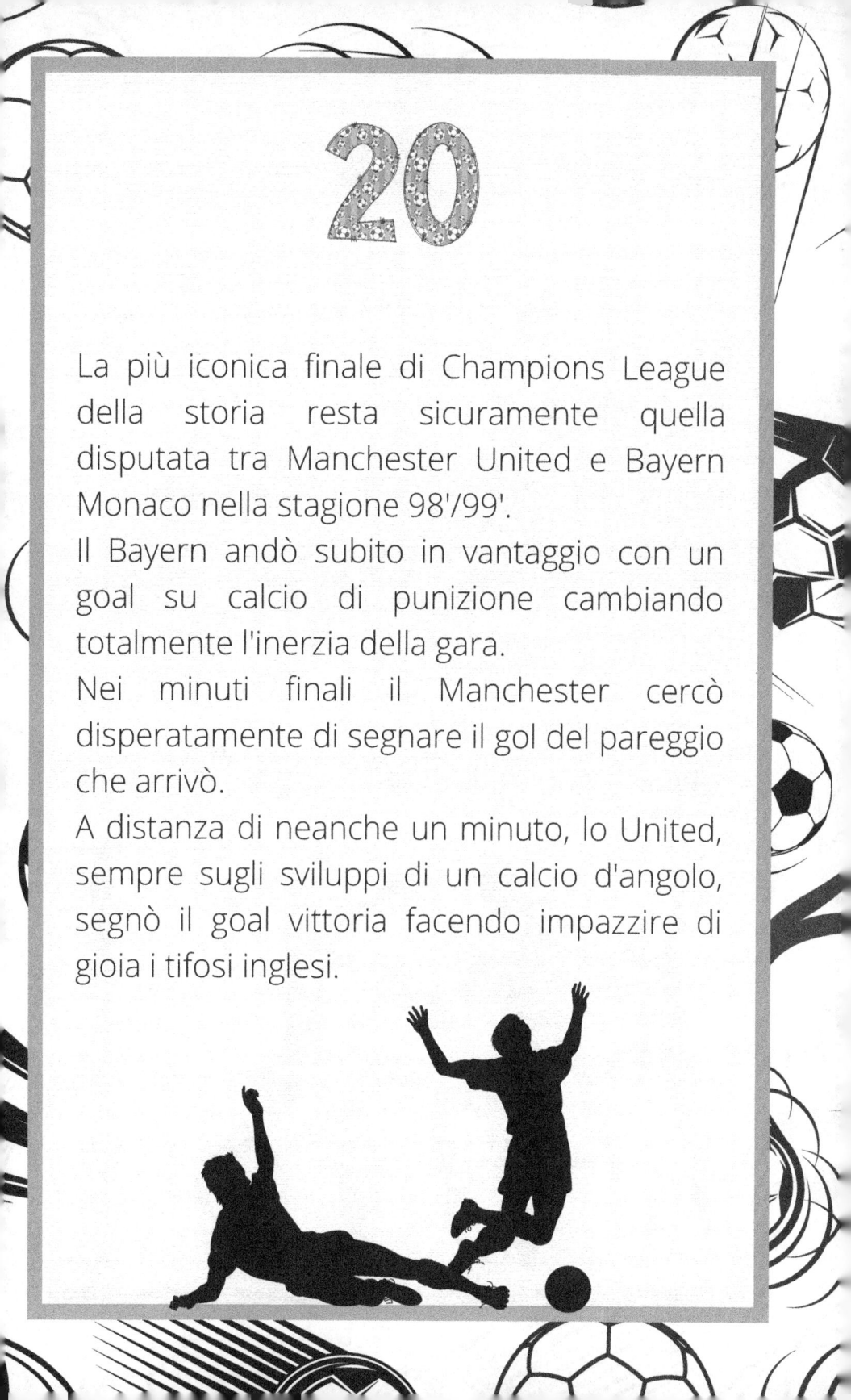

La più iconica finale di Champions League della storia resta sicuramente quella disputata tra Manchester United e Bayern Monaco nella stagione 98'/99'.

Il Bayern andò subito in vantaggio con un goal su calcio di punizione cambiando totalmente l'inerzia della gara.

Nei minuti finali il Manchester cercò disperatamente di segnare il gol del pareggio che arrivò.

A distanza di neanche un minuto, lo United, sempre sugli sviluppi di un calcio d'angolo, segnò il goal vittoria facendo impazzire di gioia i tifosi inglesi.

21

Il 16 luglio del 1950 a Maracanã si tenne la partita Brasile-Uruguay, match del girone finale della quarta edizione dei Mondiali di calcio.

Pensa che sugli spalti ci furono addirittura 199.854 tifosi.

Questa partita resterà nella storia non solo per il record di più spettatori di sempre, ma anche per la clamorosa sconfitta del Brasile contro ogni pronostico per 2 a 1.

Questo iconica partita è conosciuta come 'Maracanazo'.

22

Primo e unico caso nella storie del calcio è l'iconica partita tra Fiorentina e Pistoiese disputata nel 1954. In diversi luoghi del capoluogo toscano furono infatti avvistati degli UFO mentre le due squadre si stavano affrontando in una sfida amichevole.

Nel secondo tempo l'arbitro dovette interrompere la partita perché 10mila persone iniziarono a guardare il cielo per la presenza di oggetti non identificabili.

Nel referto che l'arbitro compilò scrisse: 'Partita interrotta per UFO'.

23

Nel 1999, lo svedese Stefan Schwartz ha firmato un contratto con il Sunderland che comprendeva una clausola un po' particolare.

Il calciatore infatti, non poteva viaggiare nello spazio in quanto le assicurazioni non avrebbero coperto eventuali incidenti.

Il club si giustificò affermando che uno degli assistenti di Schwartz si è comprato un posto su un volo commerciale per il futuro. Ovviamente avrebbe potuto portare con sé il proprio assistito.

24

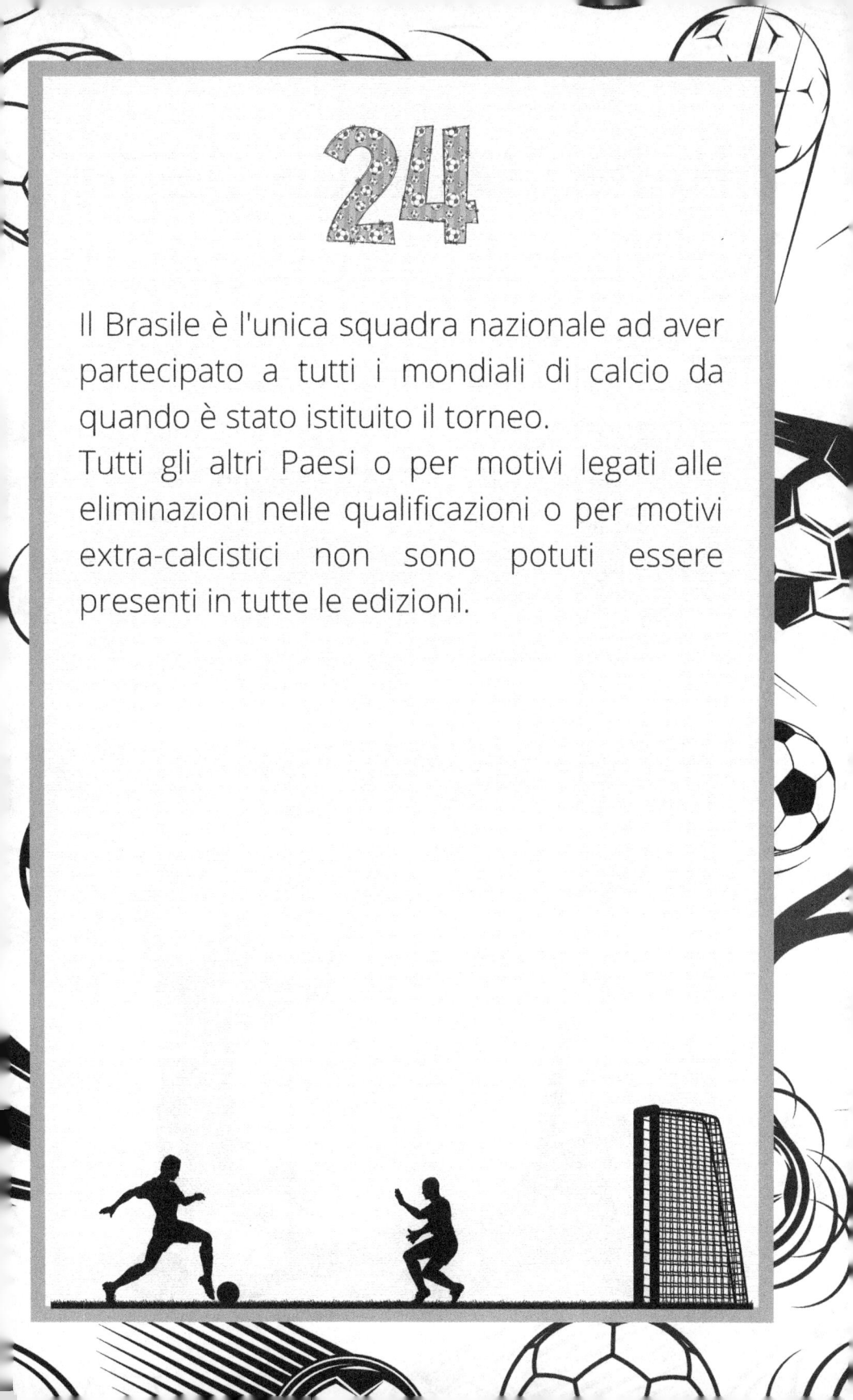

Il Brasile è l'unica squadra nazionale ad aver partecipato a tutti i mondiali di calcio da quando è stato istituito il torneo.
Tutti gli altri Paesi o per motivi legati alle eliminazioni nelle qualificazioni o per motivi extra-calcistici non sono potuti essere presenti in tutte le edizioni.

25

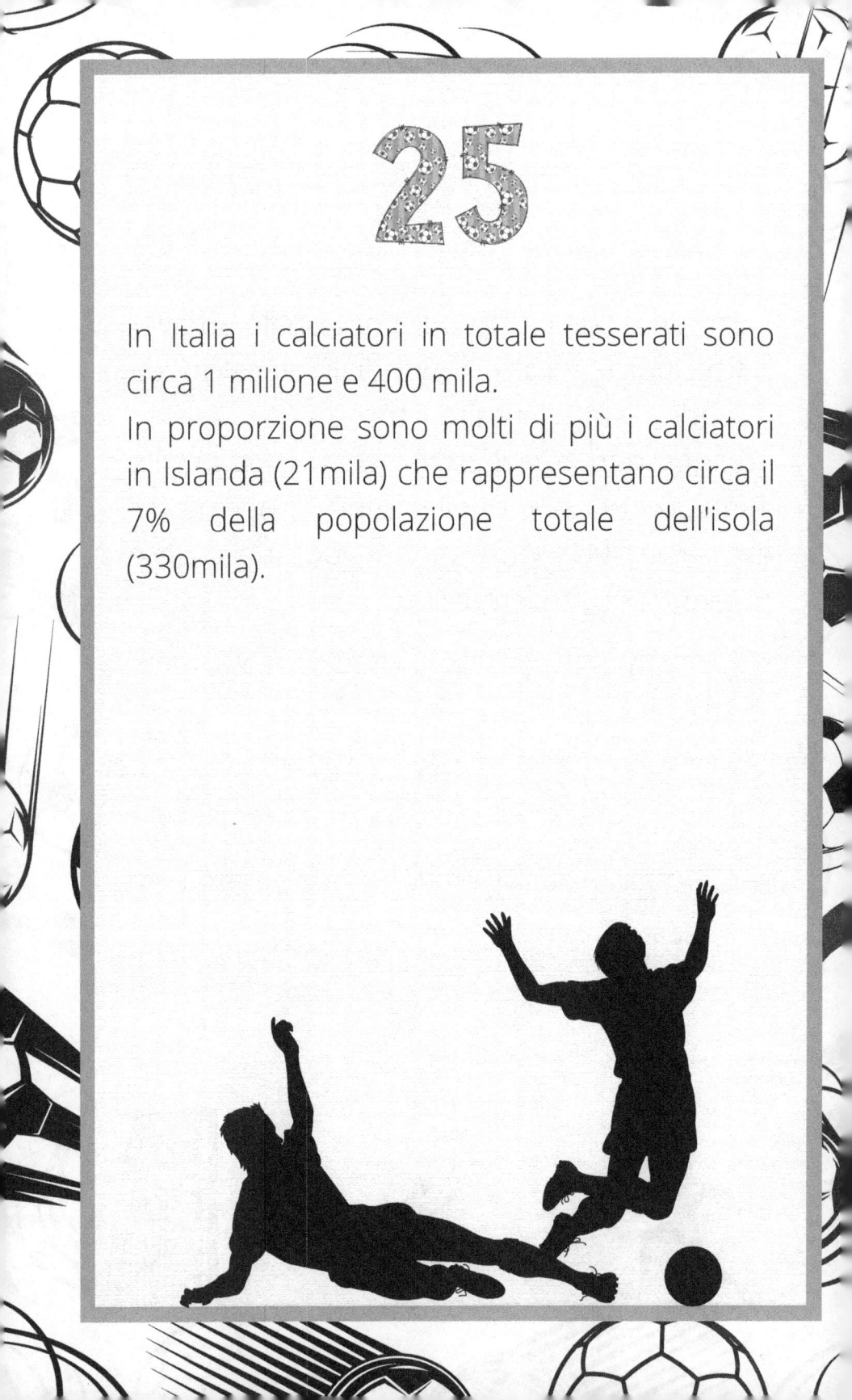

In Italia i calciatori in totale tesserati sono circa 1 milione e 400 mila.

In proporzione sono molti di più i calciatori in Islanda (21mila) che rappresentano circa il 7% della popolazione totale dell'isola (330mila).

26

Solitamente i rapporti tra società e allenatori non tendono ad essere molto duraturi.
Non è il caso di Guy Roux, allenatore dei francesi dell'Auxerre per 44 stagioni.
Grazie a questo lunghissimo record è in assoluto l'allenatore ad essere seduto sulla panchina dello stesso club per più tempo.

27

Nel 2003 Enrique Romero, ormai ex terzino sinistro del Valencia, Maiorca, Deportivo e Betis mentre era in trasferta a Pamplona ebbe un spaventoso e insolito incontro con una vipera, che lo morse improvvisamente.
Questo sventurato evento non gli ha permesso di giocare il giorno successivo. Esattamente 24 ore dopo l'accaduto, a partita finita, il giocatore si ripresentò all'aeroporto con i propri compagni di squadra per ritornare a casa. Una lunga e faticosa trasferta...

28

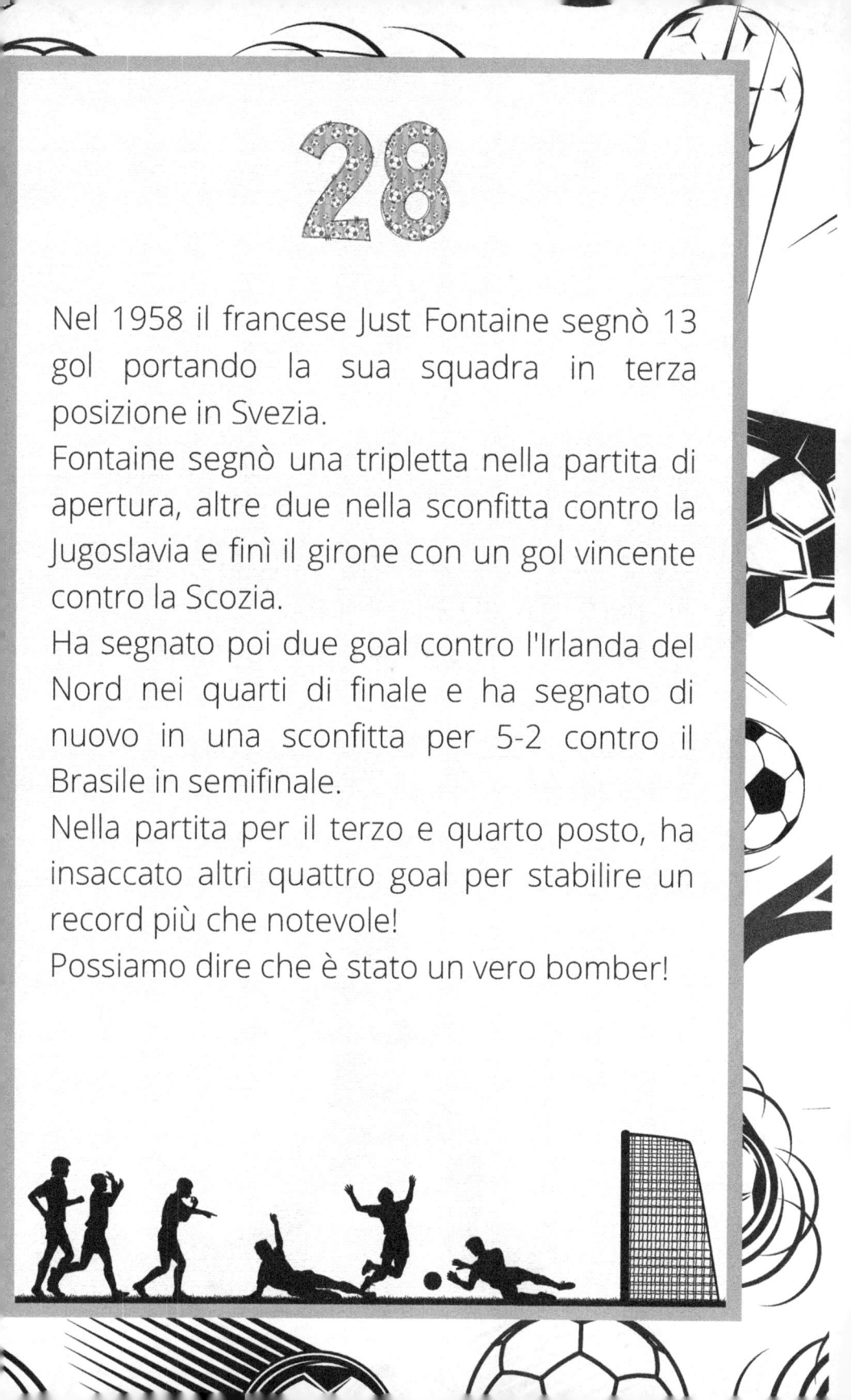

Nel 1958 il francese Just Fontaine segnò 13 gol portando la sua squadra in terza posizione in Svezia.

Fontaine segnò una tripletta nella partita di apertura, altre due nella sconfitta contro la Jugoslavia e finì il girone con un gol vincente contro la Scozia.

Ha segnato poi due goal contro l'Irlanda del Nord nei quarti di finale e ha segnato di nuovo in una sconfitta per 5-2 contro il Brasile in semifinale.

Nella partita per il terzo e quarto posto, ha insaccato altri quattro goal per stabilire un record più che notevole!

Possiamo dire che è stato un vero bomber!

29

Josef Bican fu un leggendario giocatore dello Slavia Praga tanto da essere considerato il calciatore ceco più forte di sempre, nonché uno tra i migliori sportivi della Repubblica Ceca della storia.

Tra le altre cose Josef ha realizzato il maggior numero di goal nella storia.

Questo record vale sia per le competizioni ufficiali (805 gol), sia in assoluto considerando anche le amichevoli (1468 gol). Oltre ciò, Bican è stato il primo e unico giocatore al mondo a giocare e segnare con la maglia di 3 nazionali diverse.

30

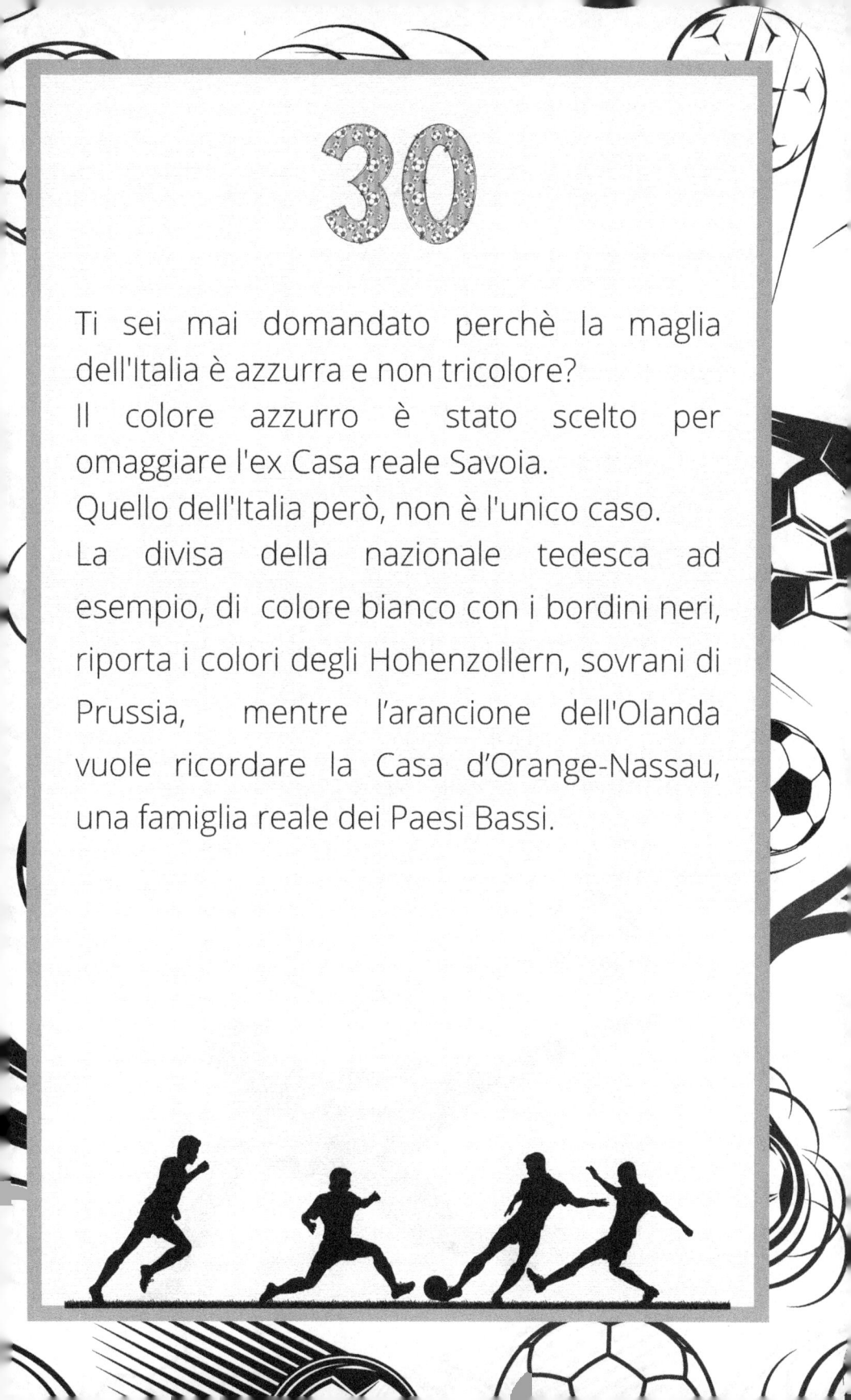

Ti sei mai domandato perchè la maglia dell'Italia è azzurra e non tricolore?
Il colore azzurro è stato scelto per omaggiare l'ex Casa reale Savoia.
Quello dell'Italia però, non è l'unico caso.
La divisa della nazionale tedesca ad esempio, di colore bianco con i bordini neri, riporta i colori degli Hohenzollern, sovrani di Prussia, mentre l'arancione dell'Olanda vuole ricordare la Casa d'Orange-Nassau, una famiglia reale dei Paesi Bassi.

31

Alle Olimpiadi di Atlanta del 1996, che finirono con l'incredibile vittoria della Nigeria, durante la partita Brasile-Ungheria, Ronaldo il Fenomeno avrebbe approfittato di un momento di confusione per fare pipì in campo.

Il giocatore ha confessato poco dopo la fine dell'incontro che, durante alcuni minuti di gioco fermo, si era allontanato per dare sfogo a quel bisogno che lo stava tormentando. Come ha fatto?

Sedendosi per terra e nascondendosi col pallone!

32

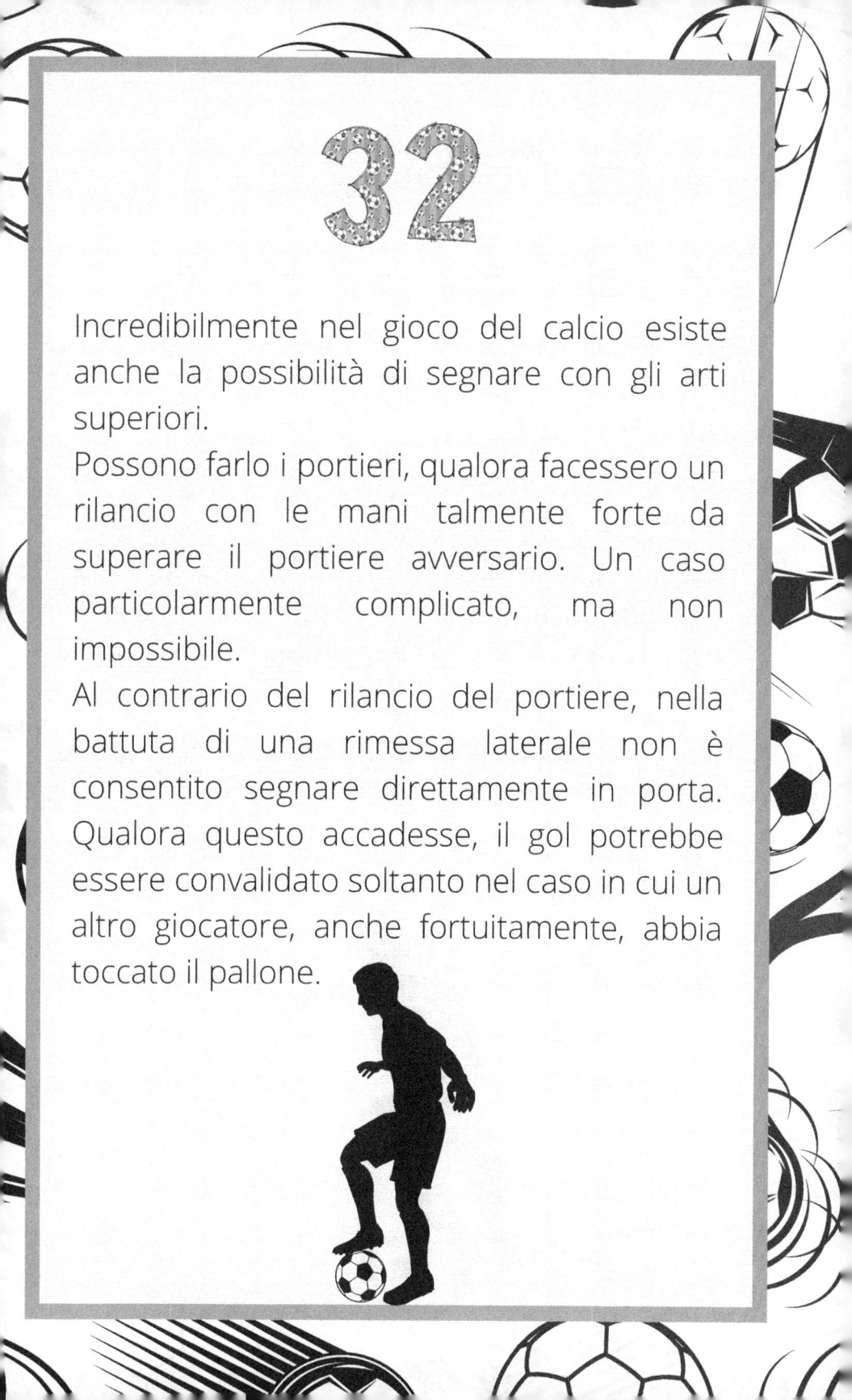

Incredibilmente nel gioco del calcio esiste anche la possibilità di segnare con gli arti superiori.

Possono farlo i portieri, qualora facessero un rilancio con le mani talmente forte da superare il portiere avversario. Un caso particolarmente complicato, ma non impossibile.

Al contrario del rilancio del portiere, nella battuta di una rimessa laterale non è consentito segnare direttamente in porta. Qualora questo accadesse, il gol potrebbe essere convalidato soltanto nel caso in cui un altro giocatore, anche fortuitamente, abbia toccato il pallone.

33

Nel 2018 un portiere egiziano ha battuto il record mondiale del giocatore più anziano di tutti i Mondiali.

In occasione della Coppa del Mondo FIFA in Russia, Essam el-Hadary aveva 45 anni, due anni in più dell'ex possessore del record. L'unico giocatore a non essere un portiere tra i cinque precedenti detentori del record era Roger Miller, che giocava negli Stati Uniti per il Camerun nella fase a gironi della Coppa del Mondo del 1994.

34

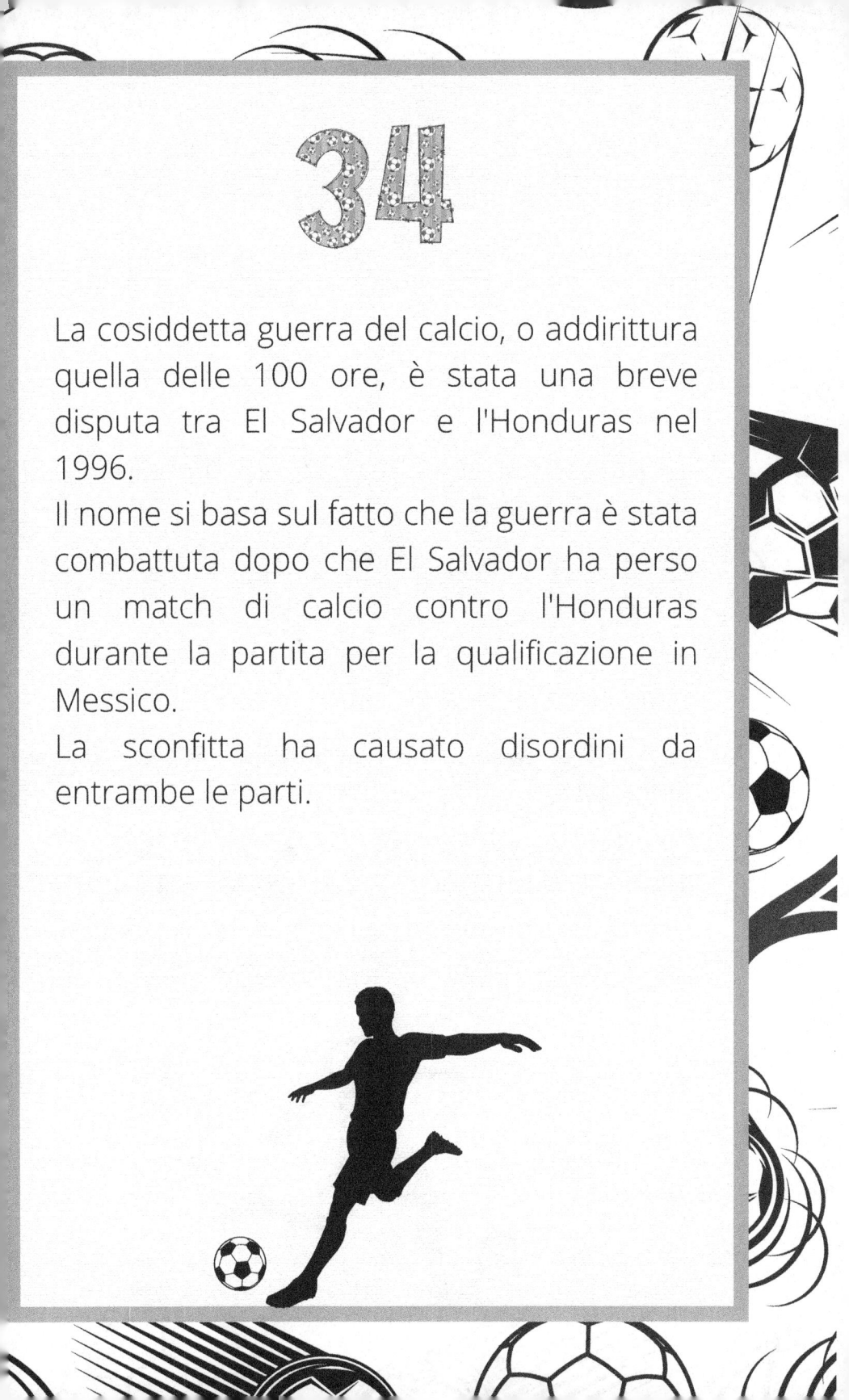

La cosiddetta guerra del calcio, o addirittura quella delle 100 ore, è stata una breve disputa tra El Salvador e l'Honduras nel 1996.
Il nome si basa sul fatto che la guerra è stata combattuta dopo che El Salvador ha perso un match di calcio contro l'Honduras durante la partita per la qualificazione in Messico.
La sconfitta ha causato disordini da entrambe le parti.

35

In occasione dei Mondiali del 1938 in Francia, la Germania e l'Austria misero insieme una squadra.

Il Reichstrainer Otto Nerz ha dovuto attenersi a precise istruzioni su come doveva essere composta la squadra nazionale.

Sul campo erano presenti sei giocatori tedeschi e cinque giocatori austriaci.

Tuttavia, dopo l'annessione involontaria dell'Austria alla Germania, i giocatori divennero più rivali che compagni di squadra. Nessuno si meraviglia del fatto che la Germania abbia ottenuto il peggior risultato storico proprio nel 1938.

36

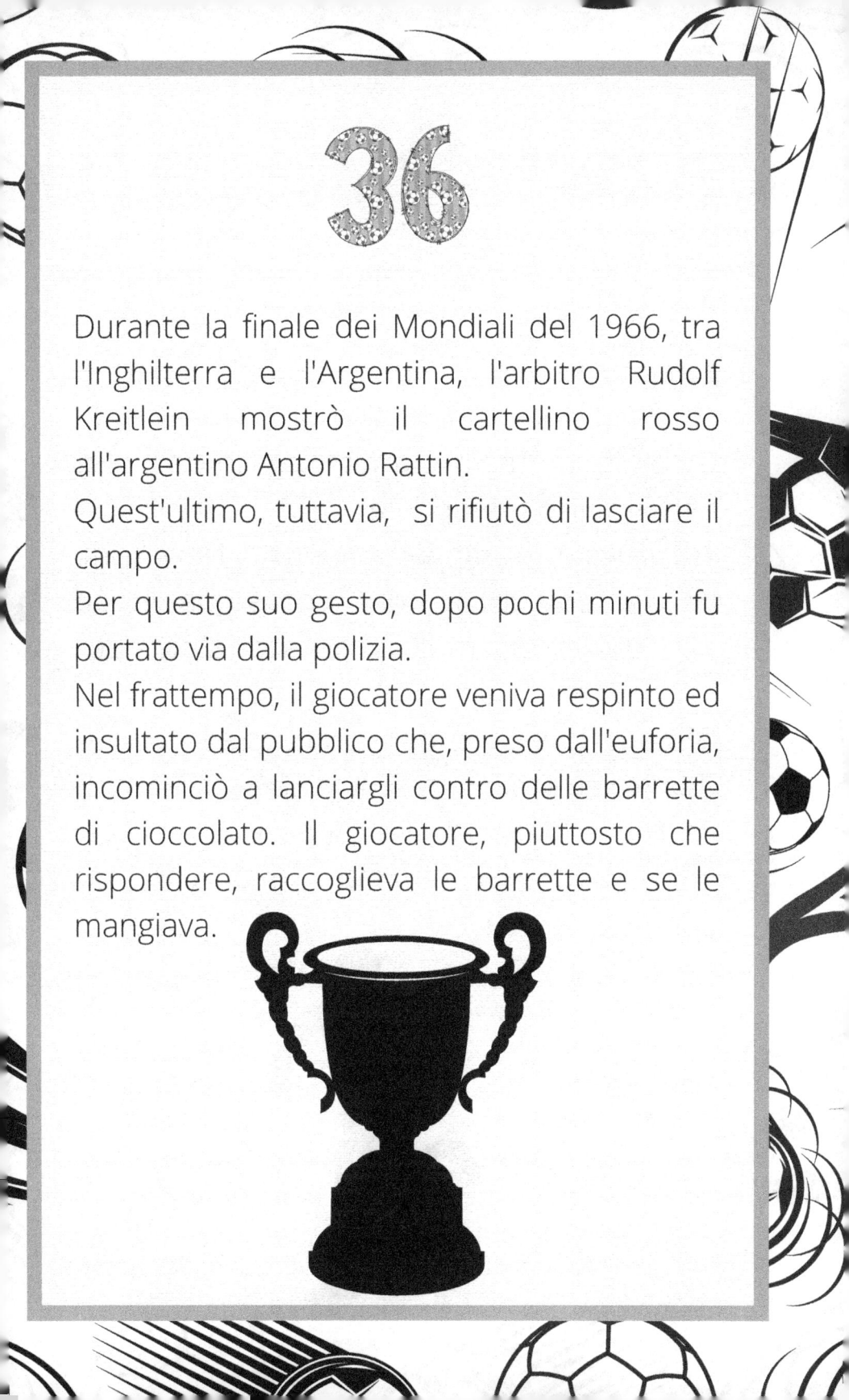

Durante la finale dei Mondiali del 1966, tra l'Inghilterra e l'Argentina, l'arbitro Rudolf Kreitlein mostrò il cartellino rosso all'argentino Antonio Rattin.
Quest'ultimo, tuttavia, si rifiutò di lasciare il campo.
Per questo suo gesto, dopo pochi minuti fu portato via dalla polizia.
Nel frattempo, il giocatore veniva respinto ed insultato dal pubblico che, preso dall'euforia, incominciò a lanciargli contro delle barrette di cioccolato. Il giocatore, piuttosto che rispondere, raccoglieva le barrette e se le mangiava.

37

Si stima che in tutta la sua carriera il campione Zlatan Ibrahimovic abbia superato un guadagno complessivo di 300 milioni di euro. In parte, ovviamente, è investito in beni di lusso e proprietà.

Tra queste, un appartamento a New York, un palazzo sul Lago di Como e una chiesa nel cuore di Stoccolma, acquistata per trasformarla in un hotel.

Oltre a queste proprietà possiede anche due isolette, dove trascorre spesso il tempo libero dedicandosi alla caccia e alla pesca. Infine, non si è fatto mancare un appartamento a Malmoe (città in cui è nato).

38

Francesco Totti è noto per le sue esuberanti e divertenti esultanze.

Una delle più celebri ha avuto luogo l'11 aprile 1999 nel secondo Derby della Capitale della stagione 1998-99, in cui ha segnato durante gli ultimi minuti della partita e ha celebrato con una maglietta sotto la sua maglia, che recitava "Vi ho purgato ancora", in riferimento agli eventi del derby precedente contro la Lazio del 29 novembre 1998.

In quella partita Totti aiutò la Roma a rimontare dal 3-1 con un assist di Eusebio Di Francesco per il 3 a 2 e infine il gol del 3-3.

39

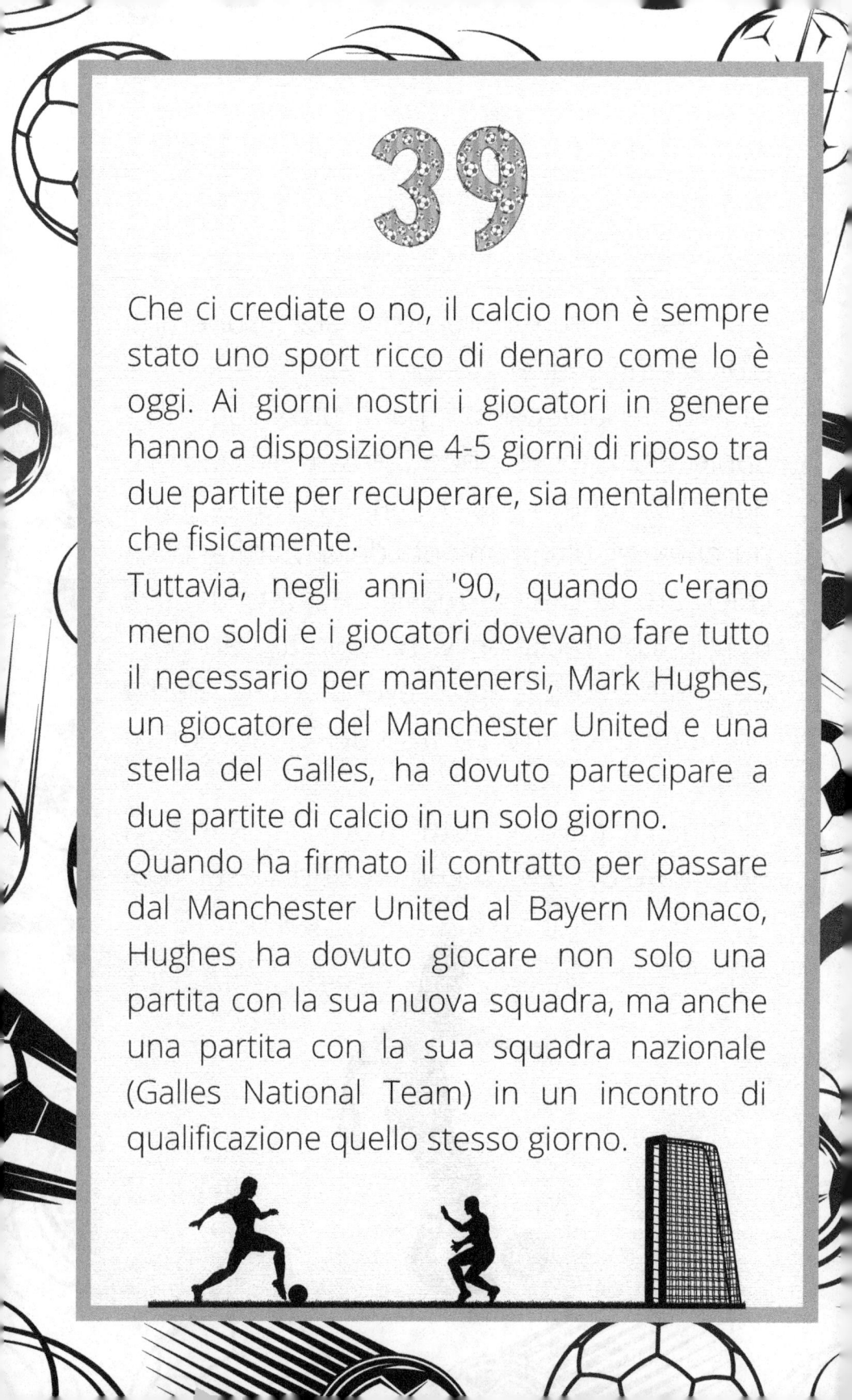

Che ci crediate o no, il calcio non è sempre stato uno sport ricco di denaro come lo è oggi. Ai giorni nostri i giocatori in genere hanno a disposizione 4-5 giorni di riposo tra due partite per recuperare, sia mentalmente che fisicamente.

Tuttavia, negli anni '90, quando c'erano meno soldi e i giocatori dovevano fare tutto il necessario per mantenersi, Mark Hughes, un giocatore del Manchester United e una stella del Galles, ha dovuto partecipare a due partite di calcio in un solo giorno.

Quando ha firmato il contratto per passare dal Manchester United al Bayern Monaco, Hughes ha dovuto giocare non solo una partita con la sua nuova squadra, ma anche una partita con la sua squadra nazionale (Galles National Team) in un incontro di qualificazione quello stesso giorno.

40

Alex Torr di Rawson Spring, segnò 3 goal di fila in soli 70 secondi contro i Gardens.
Il primo goal lo segnò all'undicesimo minuto, il secondo goal 11 secondi dopo e il terzo goal al dodicesimo minuto di gioco.

41

Nel 2005 i KK Palace e i Civics (due squadre della Namibia, una nazione Africana) hanno pareggiato 2 a 2 e sono andate ai calci di rigore. I rigori che sembravano infiniti si conclusero in favore del Palace che vinse con un incredibile punteggio di 17 a 16 dopo un totale di ben 48 rigori.

42

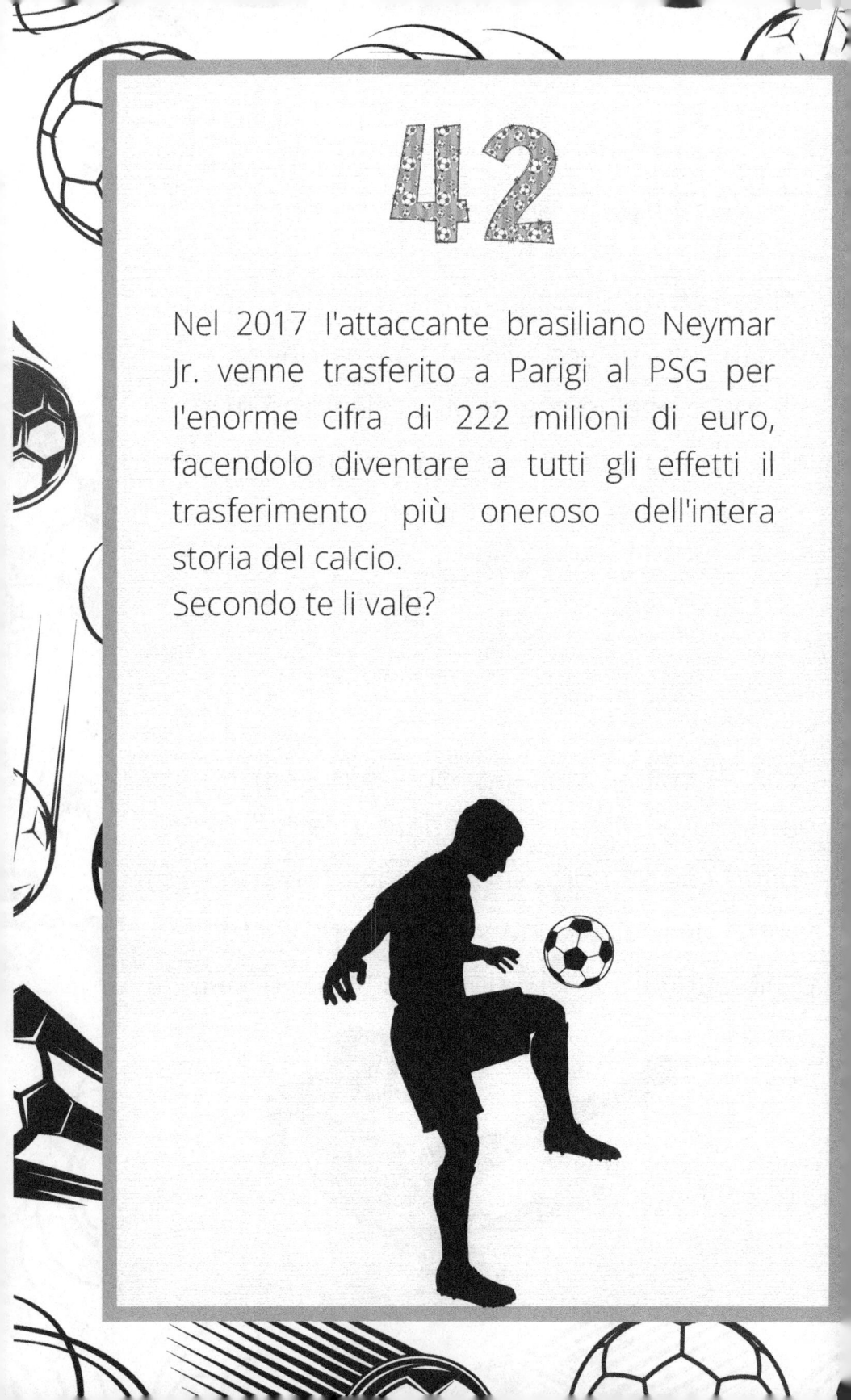

Nel 2017 l'attaccante brasiliano Neymar Jr. venne trasferito a Parigi al PSG per l'enorme cifra di 222 milioni di euro, facendolo diventare a tutti gli effetti il trasferimento più oneroso dell'intera storia del calcio.
Secondo te li vale?

43

L'1 Maggio del 2009 Dan Magness, un giovane britannico di 25 anni, è riuscito a battere il record del mondo (in precedenza appartenente ad un ragazzo brasiliano, Martinho Eduardo Orige) di palleggi con un pallone da calcio.

Il ragazzo per 24 ore ha palleggiato su un marciapiede vicino casa senza far toccare mai terra al pallone. Dan ha trascorso la notte tra colpi di testa, di ginocchio, di destro e di sinistro, stabilendo alle 14:00 del giorno dopo il nuovo record effettuando circa 250.000 palleggi!

44

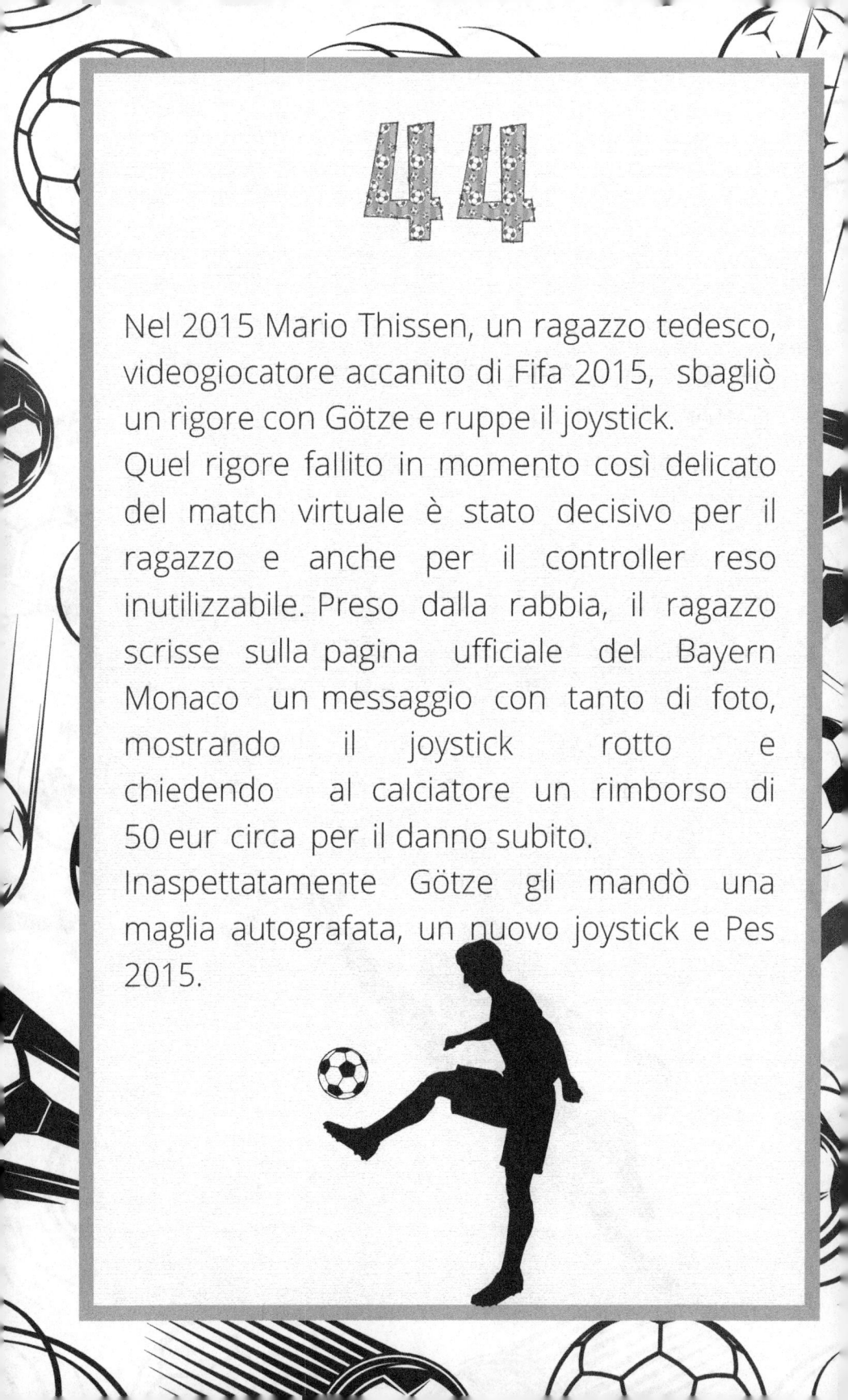

Nel 2015 Mario Thissen, un ragazzo tedesco, videogiocatore accanito di Fifa 2015, sbagliò un rigore con Götze e ruppe il joystick.

Quel rigore fallito in momento così delicato del match virtuale è stato decisivo per il ragazzo e anche per il controller reso inutilizzabile. Preso dalla rabbia, il ragazzo scrisse sulla pagina ufficiale del Bayern Monaco un messaggio con tanto di foto, mostrando il joystick rotto e chiedendo al calciatore un rimborso di 50 eur circa per il danno subito.

Inaspettatamente Götze gli mandò una maglia autografata, un nuovo joystick e Pes 2015.

45

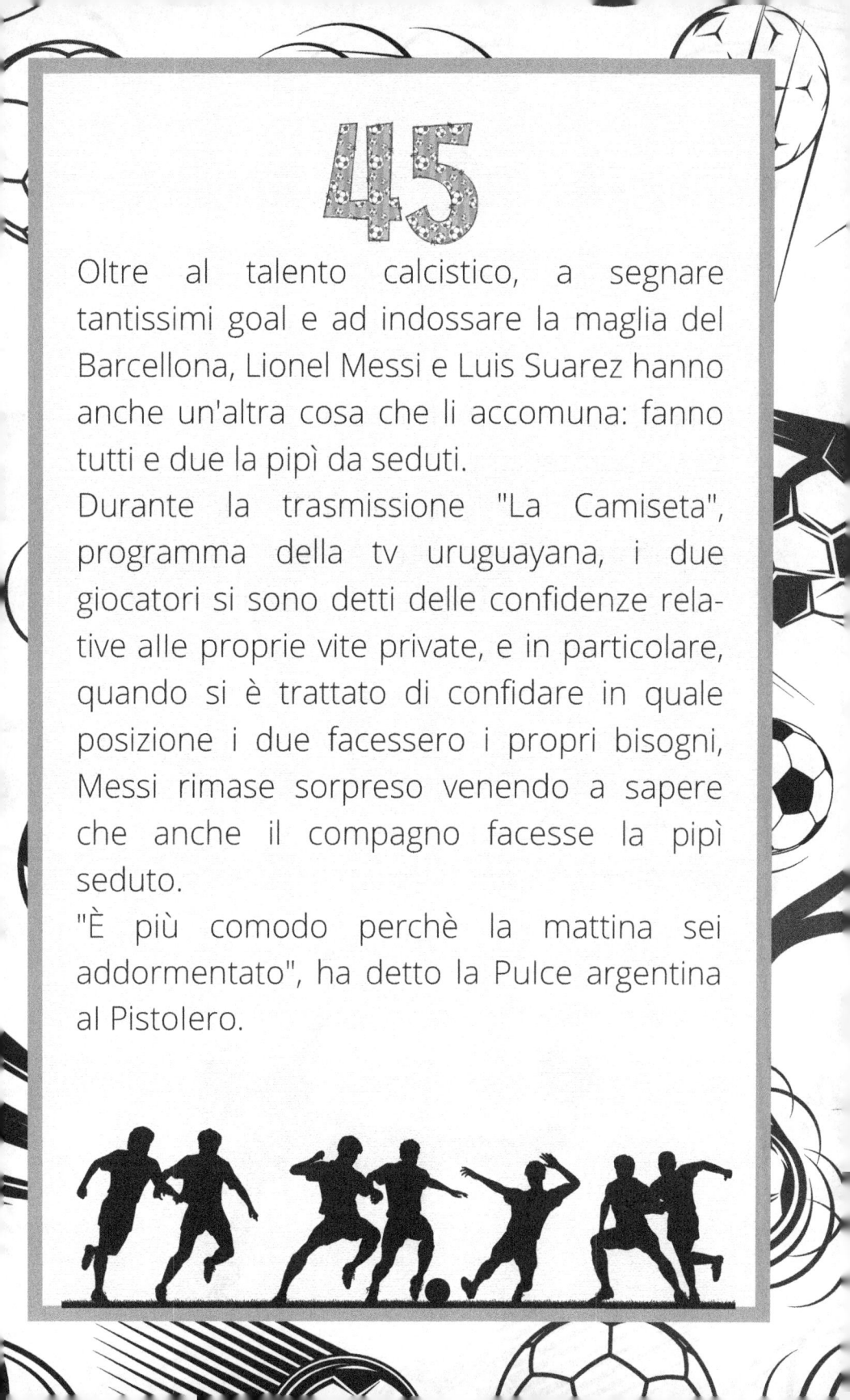

Oltre al talento calcistico, a segnare tantissimi goal e ad indossare la maglia del Barcellona, Lionel Messi e Luis Suarez hanno anche un'altra cosa che li accomuna: fanno tutti e due la pipì da seduti.

Durante la trasmissione "La Camiseta", programma della tv uruguayana, i due giocatori si sono detti delle confidenze relative alle proprie vite private, e in particolare, quando si è trattato di confidare in quale posizione i due facessero i propri bisogni, Messi rimase sorpreso venendo a sapere che anche il compagno facesse la pipì seduto.

"È più comodo perchè la mattina sei addormentato", ha detto la Pulce argentina al Pistolero.

46

La tecnologia VAR utilizza un brevetto di Sony Hawk-Eye Innovations che consente alla società di beneficiare di circa 2,2 milioni di euro a stagione.

Organismi sportivi come FIFA sono disposti a pagare il conto per rendere il gioco più autentico, divertente e per assicurare partite di alta qualità.

Hawk-Eye Innovations detiene un brevetto di 20 anni e ha anche adottato misure per massimizzare il modo in cui può trarre profitto dalla tecnologia, che viene utilizzata per oltre 20 sport in più di 90 paesi.

47

Le dimensioni di un campo da calcio possono variare in lunghezza e larghezza a seconda dello spazio disponibile per il gioco. La FIFA ha creato regole ufficiali sulle dimensioni del campo e ha fissato standard di campo da seguire per tutte le leghe professionistiche.

Le dimensioni di un campo professionale devono andare dai 100 a 130 metri di lunghezza e dai 50 a 100 metri di larghezza.

Finché il campo è in linea con queste dimensioni possono essere disputate partite ufficiali.

Ovviamente nei campionati giovanili la dimensione è regolata per in base all'età dei giocatori.

48

Il trofeo della Coppa del Mondo ha reso un cane di nome Pickles un eroe nazionale.
Il trofeo della Coppa del Mondo fu rubato a Londra a 4 mesi dal Mondiale in Inghilterra. Quel giorno la coppa era esposta alla Westminster's Central Hall e, durante una messa, qualcuno ruppe il vetro della teca e la rubò.
Pochi giorni dopo il colpevole fu arrestato, ma non si trovava ancora la coppa.
Il 27 Marzo, un uomo di nome David Corbett con il suo cane Pickles, trovarono un oggetto avvolto in vecchi giornali sotto una siepe. Era la Coppa!
Il quadrupede passò alla storia e fu rifornito di cibo per cani per un anno e gli furono offerte apparizioni in diversi film al doppio della normale paga per cani.

49

Nel 2008, l'arbitro Sergei Shmolik diresse una partita di Premier League bielorussa tra Vitebsk e Naftan.

Eletto miglior arbitro in Bielorussia nel 2007, Shmolik ha arbitrato l'intera partita dal cerchio centrale di centrocampo prima di essere scortato fuori dal campo!

Inutile dire che un test medico dopo la partita accertò alti livelli di alcol nel suo corpo, il che lo portò ad essere sospeso dalla Federazione calcistica bielorussa.

Ciò che viene da chiedersi è come sia arrivato in campo e come sia durato 90 minuti nel cerchio centrale!

Probabilmente questa vicenda è stata la prestazione più sconcertante di un arbitro di tutti i tempi.

La cosa spaventosa è che Shmolik potrebbe anche aver arbitrato la miglior partita della sua carriera, senza capire nulla!

50

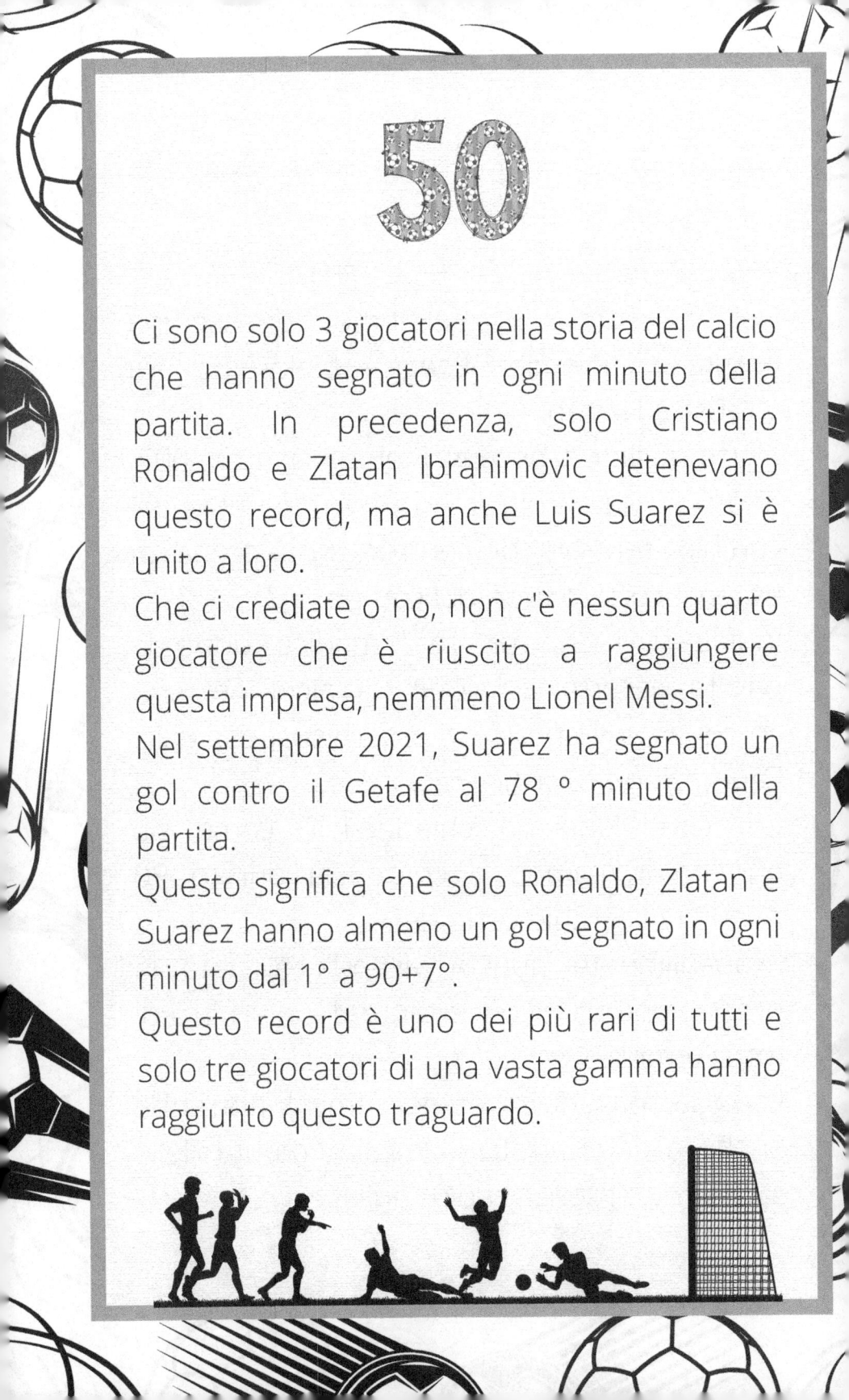

Ci sono solo 3 giocatori nella storia del calcio che hanno segnato in ogni minuto della partita. In precedenza, solo Cristiano Ronaldo e Zlatan Ibrahimovic detenevano questo record, ma anche Luis Suarez si è unito a loro.

Che ci crediate o no, non c'è nessun quarto giocatore che è riuscito a raggiungere questa impresa, nemmeno Lionel Messi.

Nel settembre 2021, Suarez ha segnato un gol contro il Getafe al 78 ° minuto della partita.

Questo significa che solo Ronaldo, Zlatan e Suarez hanno almeno un gol segnato in ogni minuto dal 1° a 90+7°.

Questo record è uno dei più rari di tutti e solo tre giocatori di una vasta gamma hanno raggiunto questo traguardo.

51

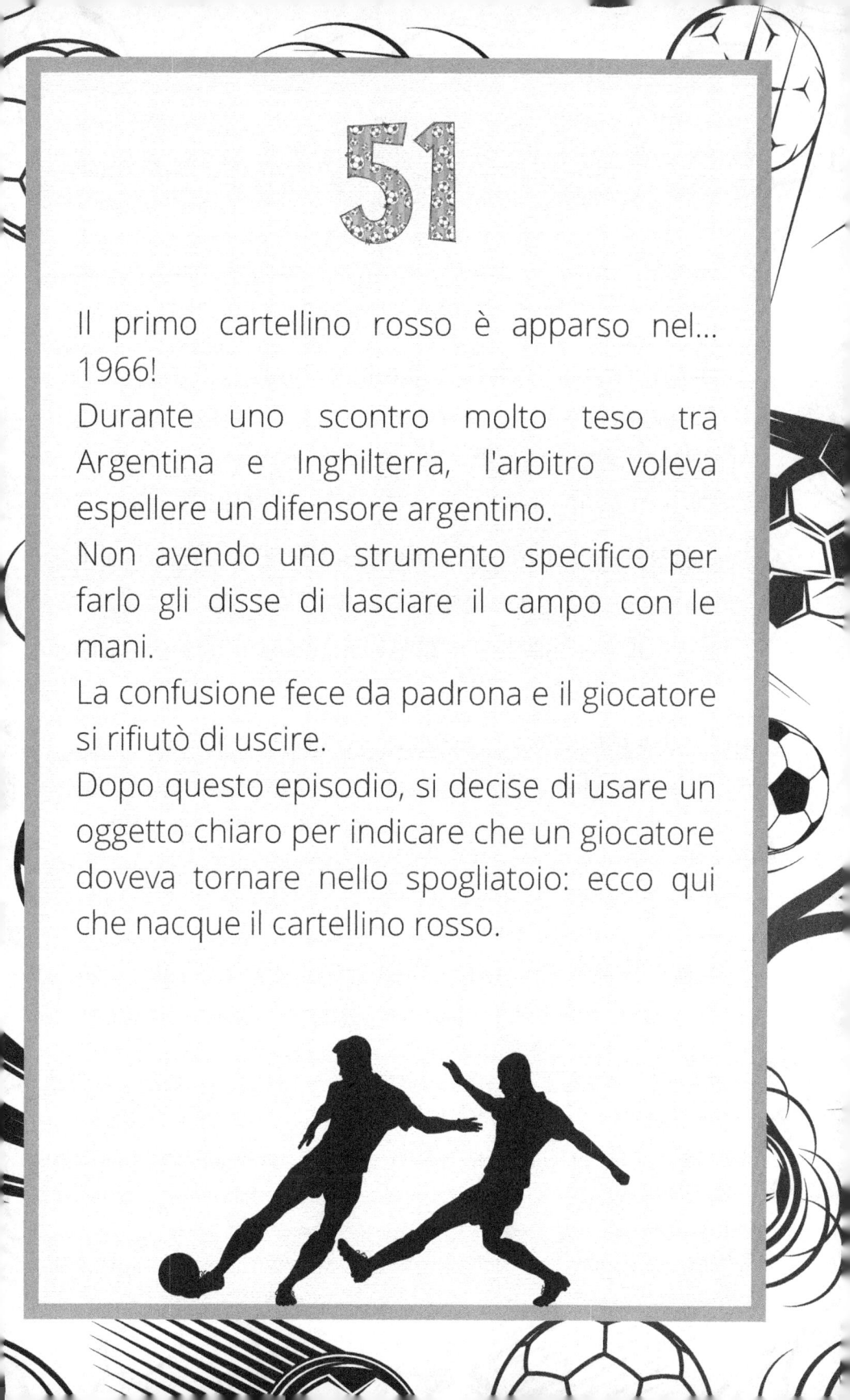

Il primo cartellino rosso è apparso nel... 1966!

Durante uno scontro molto teso tra Argentina e Inghilterra, l'arbitro voleva espellere un difensore argentino.

Non avendo uno strumento specifico per farlo gli disse di lasciare il campo con le mani.

La confusione fece da padrona e il giocatore si rifiutò di uscire.

Dopo questo episodio, si decise di usare un oggetto chiaro per indicare che un giocatore doveva tornare nello spogliatoio: ecco qui che nacque il cartellino rosso.

52

Dalla stagione 1995-96 venne introdotta la numerazione di maglia libera.

Fino ad allora i numeri di maglia erano sempre fissi, dall'1 all'11.

Con il numero 1 non poteva che esserci il portiere, il 2 era affidato al terzino destro e il 3 al terzino sinistro.

E così via via fino alla fine, con il 7 per l'ala destra e il 9 per il centravanti.

Il numero più prezioso è sicuramente il 10, quello del fantasista, del campione più dotato, il numero di Pelè, Maradona, Platinì e Baggio.

La scelta del numero di maglia è sempre un momento fondamentale per ogni giocatore e ognuno ha il suo preferito per le ragioni più svariate.

Spesso a determinare la scelta è l'anno o la data di nascita, non necessariamente la propria.

53

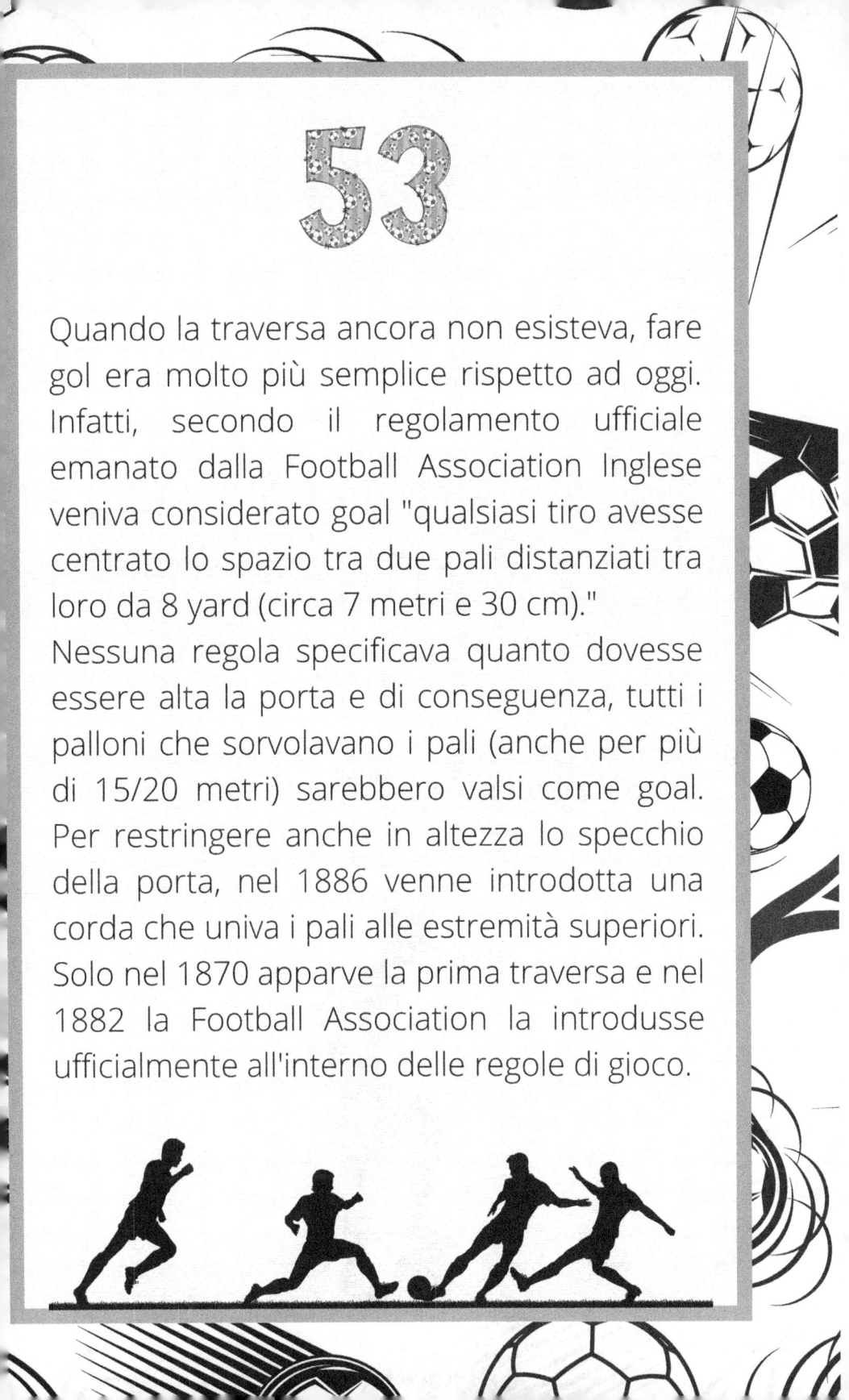

Quando la traversa ancora non esisteva, fare gol era molto più semplice rispetto ad oggi. Infatti, secondo il regolamento ufficiale emanato dalla Football Association Inglese veniva considerato goal "qualsiasi tiro avesse centrato lo spazio tra due pali distanziati tra loro da 8 yard (circa 7 metri e 30 cm)."

Nessuna regola specificava quanto dovesse essere alta la porta e di conseguenza, tutti i palloni che sorvolavano i pali (anche per più di 15/20 metri) sarebbero valsi come goal. Per restringere anche in altezza lo specchio della porta, nel 1886 venne introdotta una corda che univa i pali alle estremità superiori. Solo nel 1870 apparve la prima traversa e nel 1882 la Football Association la introdusse ufficialmente all'interno delle regole di gioco.

54

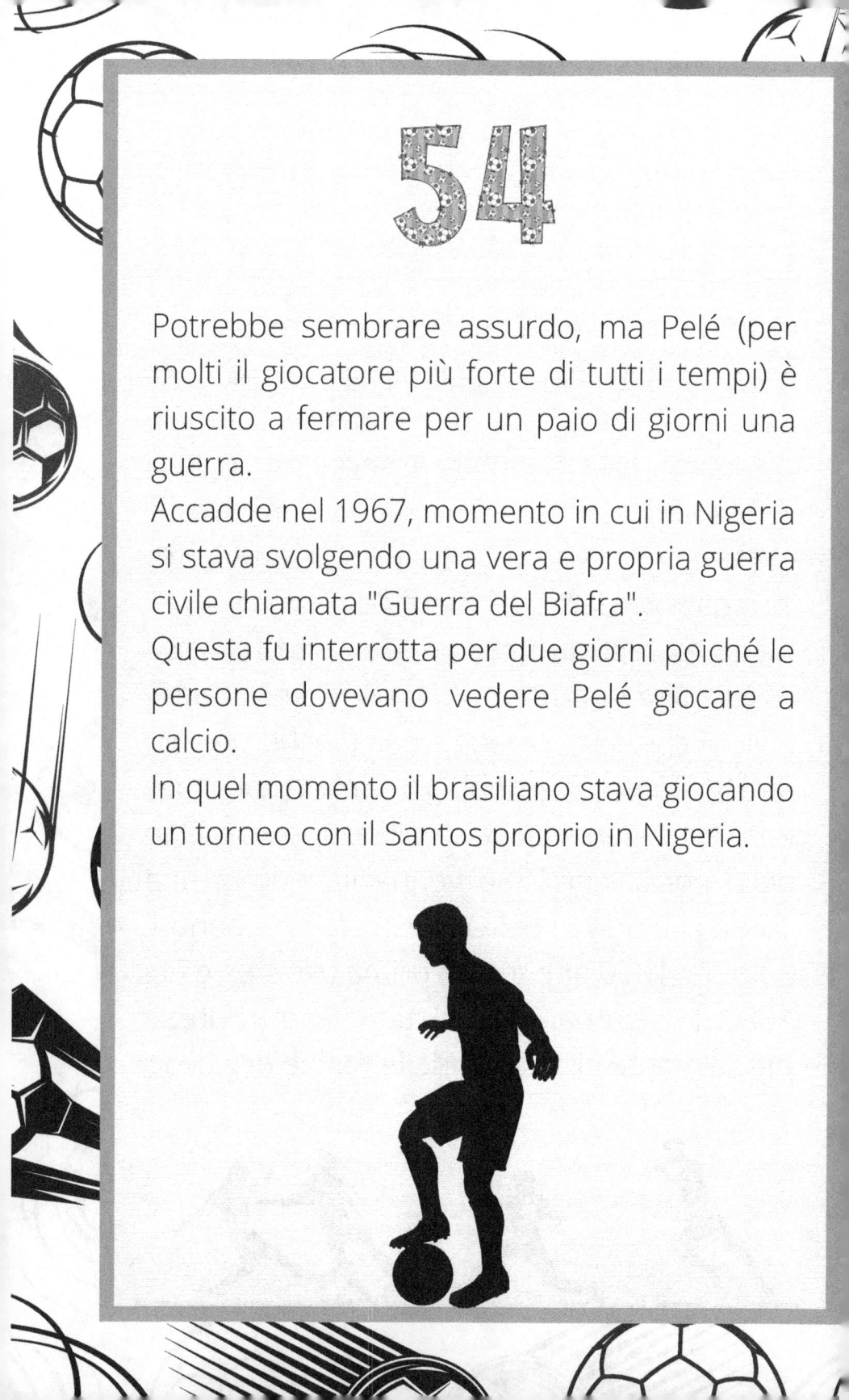

Potrebbe sembrare assurdo, ma Pelé (per molti il giocatore più forte di tutti i tempi) è riuscito a fermare per un paio di giorni una guerra.

Accadde nel 1967, momento in cui in Nigeria si stava svolgendo una vera e propria guerra civile chiamata "Guerra del Biafra".

Questa fu interrotta per due giorni poiché le persone dovevano vedere Pelé giocare a calcio.

In quel momento il brasiliano stava giocando un torneo con il Santos proprio in Nigeria.

55

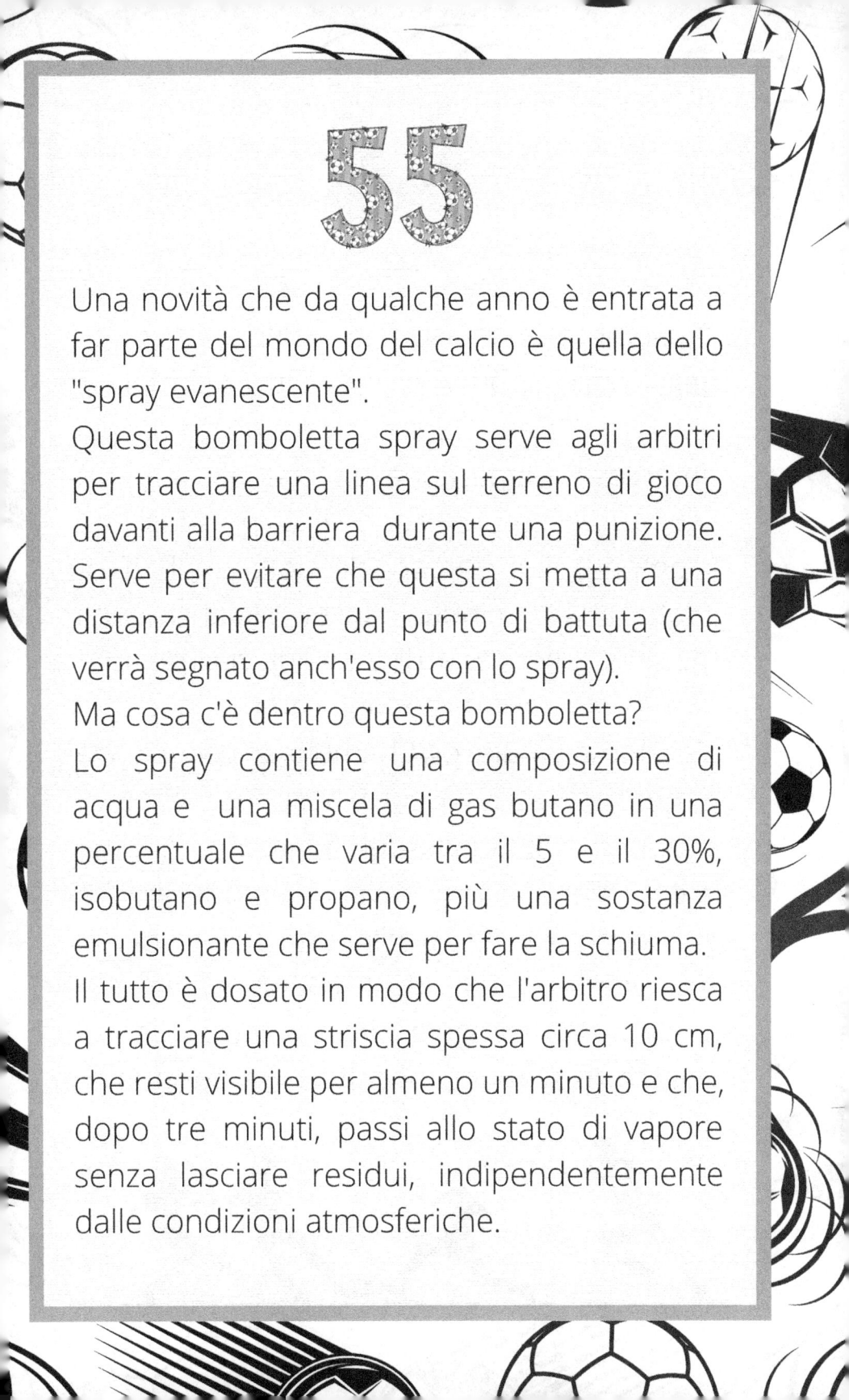

Una novità che da qualche anno è entrata a far parte del mondo del calcio è quella dello "spray evanescente".

Questa bomboletta spray serve agli arbitri per tracciare una linea sul terreno di gioco davanti alla barriera durante una punizione. Serve per evitare che questa si metta a una distanza inferiore dal punto di battuta (che verrà segnato anch'esso con lo spray).

Ma cosa c'è dentro questa bomboletta?

Lo spray contiene una composizione di acqua e una miscela di gas butano in una percentuale che varia tra il 5 e il 30%, isobutano e propano, più una sostanza emulsionante che serve per fare la schiuma.

Il tutto è dosato in modo che l'arbitro riesca a tracciare una striscia spessa circa 10 cm, che resti visibile per almeno un minuto e che, dopo tre minuti, passi allo stato di vapore senza lasciare residui, indipendentemente dalle condizioni atmosferiche.

56

Da sempre le invasioni di campo accadono negli eventi sportivi e sopratutto nel mondo del calcio si assiste spesso a questo tipo di "interventi" da parte delle tifoserie.

Ma non sempre sono solo i tifosi ad irrompere sul campo di gioco: nel 2019 infatti, al 17' minuto, Kinsey Wolanski, una modella americana di 23 anni, ha eseguito una corsa all'interno del campo in cui si giocava la finale di Champions League tra Tottenham e Liverpool per sponsorizzare il sito per soli adulti del fidanzato. A sua volta però, la giovane modella ha guadagnato circa 3 milioni di followers sul suo profilo Instagram. Il fidanzato, rimasto stupito dal coraggio della ragazza, le ha chiesto di sposarlo pochi giorno dopo la finale.

57

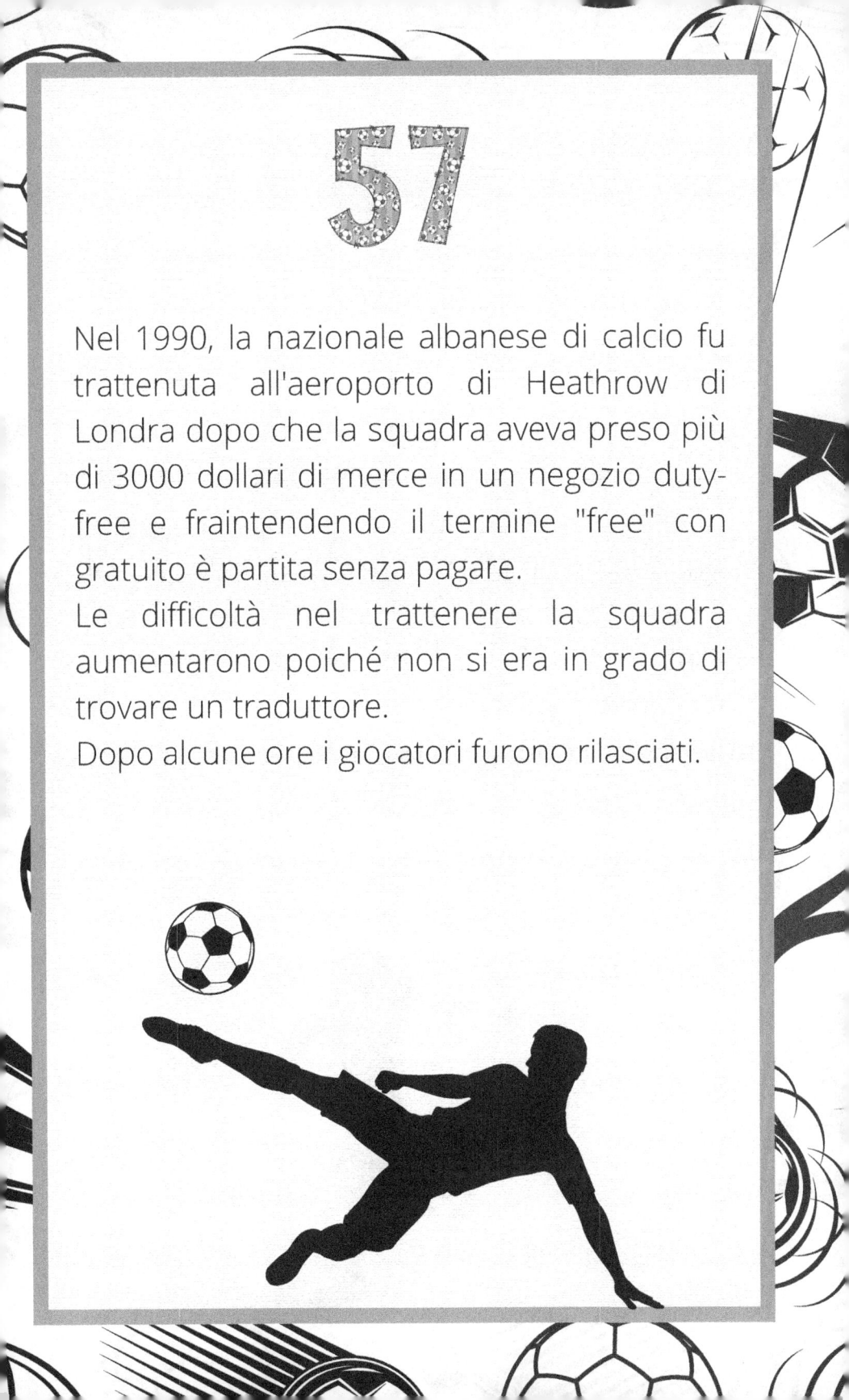

Nel 1990, la nazionale albanese di calcio fu trattenuta all'aeroporto di Heathrow di Londra dopo che la squadra aveva preso più di 3000 dollari di merce in un negozio duty-free e fraintendendo il termine "free" con gratuito è partita senza pagare.

Le difficoltà nel trattenere la squadra aumentarono poiché non si era in grado di trovare un traduttore.

Dopo alcune ore i giocatori furono rilasciati.

58

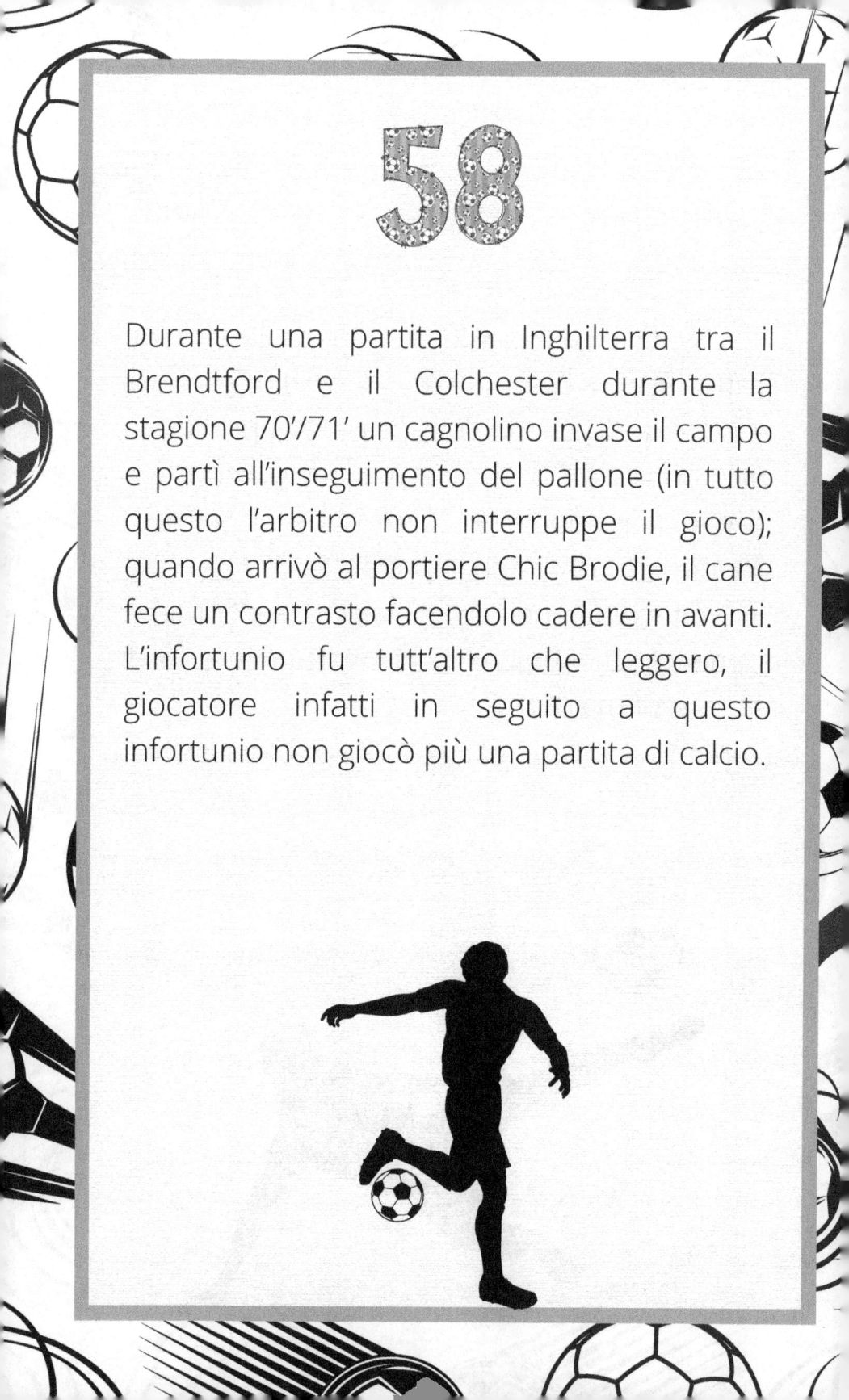

Durante una partita in Inghilterra tra il Brendtford e il Colchester durante la stagione 70'/71' un cagnolino invase il campo e partì all'inseguimento del pallone (in tutto questo l'arbitro non interruppe il gioco); quando arrivò al portiere Chic Brodie, il cane fece un contrasto facendolo cadere in avanti. L'infortunio fu tutt'altro che leggero, il giocatore infatti in seguito a questo infortunio non giocò più una partita di calcio.

59

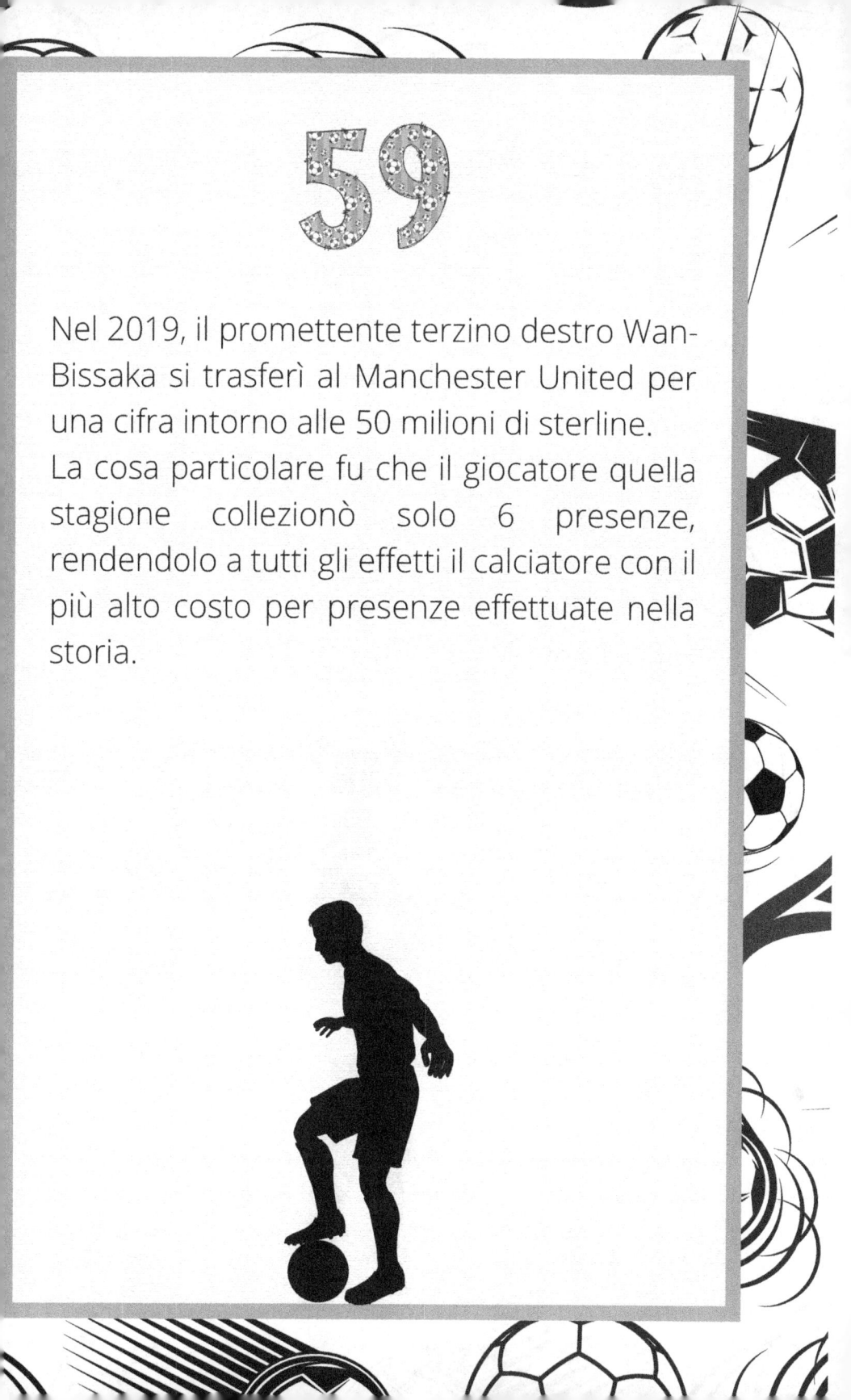

Nel 2019, il promettente terzino destro Wan-Bissaka si trasferì al Manchester United per una cifra intorno alle 50 milioni di sterline.
La cosa particolare fu che il giocatore quella stagione collezionò solo 6 presenze, rendendolo a tutti gli effetti il calciatore con il più alto costo per presenze effettuate nella storia.

60

Il primo giocatore nella storia del calcio ad effettuare un trasferimento da una squadra all'altra fu Willie Groves nel 1893, passando dal West Bromwich Albion all'Aston Villa per una cifra che si aggira intorno alle 100 sterline, 8 anni dopo che il calcio professionistico venne riconosciuto ufficialmente.

61

Tra le prime 10 cessioni della storia, il centro campista argentino Ángel Di María è il calciatore per sui si è pagato di più in termini di commissioni di trasferimento totali.

Tutto è iniziato quando la squadra portoghese del Benfica ha pagato oltre 5 milioni di sterline al primo club professionistico di Di Maria, il Rosario Central. Dopo 3 anni a Lisbona, Di Maria è passato al Real Madrid per una cifra vicina ai 23 milioni di sterline per l'allora 22enne. Dopo quattro anni di successi a Madrid, il Manchester United ha sborsato ben 52,5 milioni di sterline per accaparrarsi il giocatore. Nella fase calante della sua carriera è stato venduto ai campioni di Francia del Paris Saint-Germain per una somma di 44 milioni di sterline, l'argentino è riuscito a costare ai suoi club un totale di 125,3 milioni di sterline in 5 trasferimenti.

Un giocatore non proprio economico...

62

Dopo 11 anni trascorsi nel suo primo club professionistico, il centrocampista difensivo della nazionale russa Igor Denisov è stato ceduto dallo Zenit St. Petersburg all'Anzhi Mahachkala nel giugno del 2013 per 15 milioni di euro.

Ma solo due mesi dopo, quando l'Anzhi a corto di soldi ha iniziato a vendere i suoi migliori giocatori, Denisov è stato venduto nuovamente dopo aver fatto solo 3 presenze con il club alla Dynamo Mosca. Nonostante le difficoltà economiche, l'Anzhi è riuscito a vendere il giocatore alla stessa cifra che aveva pagato inizialmente.

63

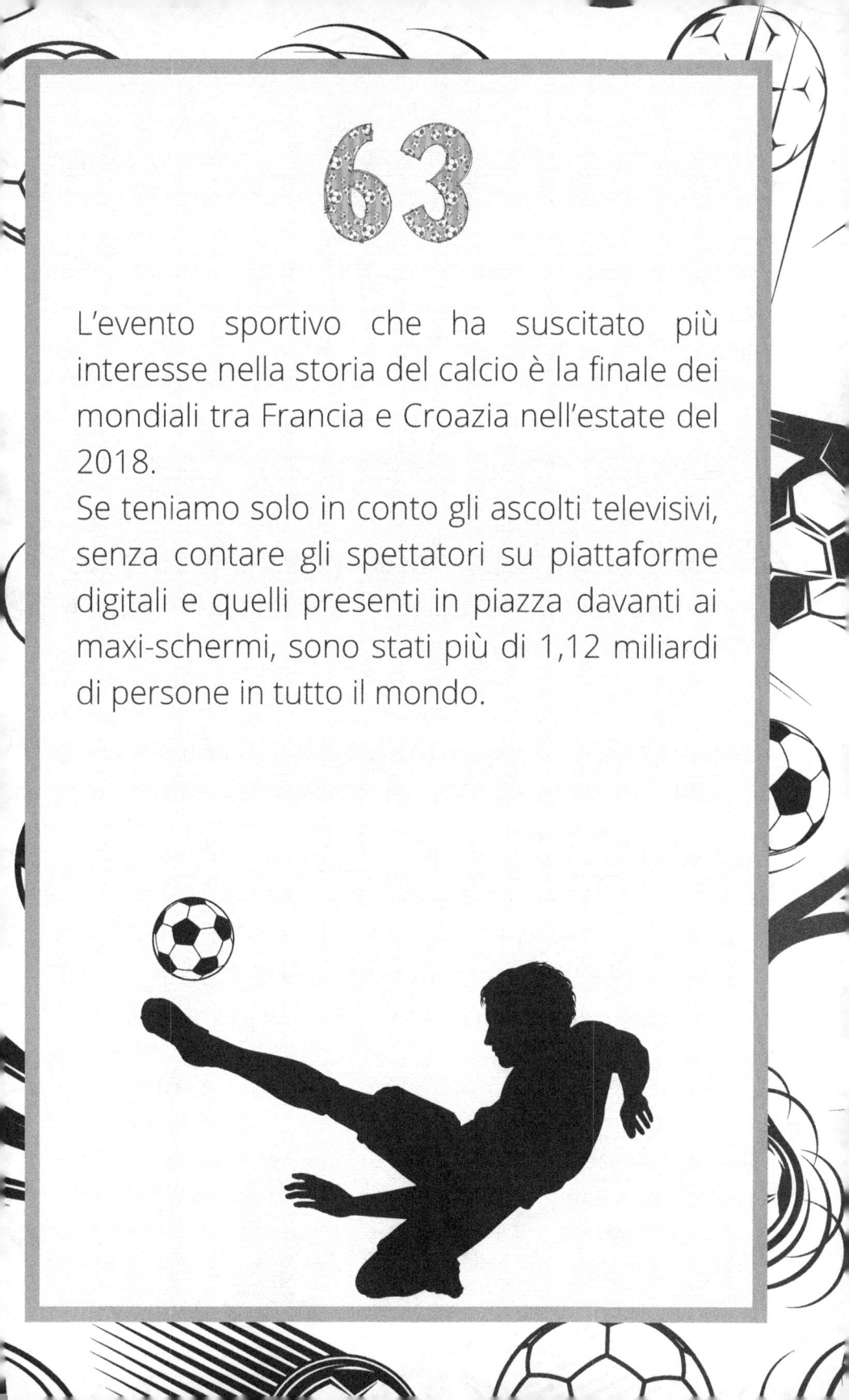

L'evento sportivo che ha suscitato più interesse nella storia del calcio è la finale dei mondiali tra Francia e Croazia nell'estate del 2018.
Se teniamo solo in conto gli ascolti televisivi, senza contare gli spettatori su piattaforme digitali e quelli presenti in piazza davanti ai maxi-schermi, sono stati più di 1,12 miliardi di persone in tutto il mondo.

64

Ci sono alcune regole nel calcio a cui non poniamo particolare attenzione perché molto radicate nel gioco stesso, come ad esempio la regola per la quale ogni giocatore della squadra deve indossare la maglia dello stesso colore. Presto si scoprì che c'era un grosso svantaggio, ad esempio durante i calci di punizione o calci d'angolo fu estremamente difficile per l'arbitro capire chi è effettivamente il portiere e chi giocatore. Con il risultato che in molte occasioni era praticamente impossibile capire chi avesse preso effettivamente il pallone con le mani.
Per questo, dalla prima guerra mondiale in poi, i portieri furono obbligati ad avere una divisa diversa dai compagni di squadra.

65

Bernd Stöber è stato l'allenatore più giovane della storia della Bundesliga, precisamente nella squadra del Saarbrücken, incarico durato una sola settimana durante la stagione 1976/77, dopo che Slobodan Cendic fu sollevato dall'incarico.

A 24 anni, un mese e 17 giorni, si è seduto in panchina quando il Saarbrücken è stato battuto 5-1 dal Colonia; una giornata dimenticabile che gli è comunque valsa un record.

66

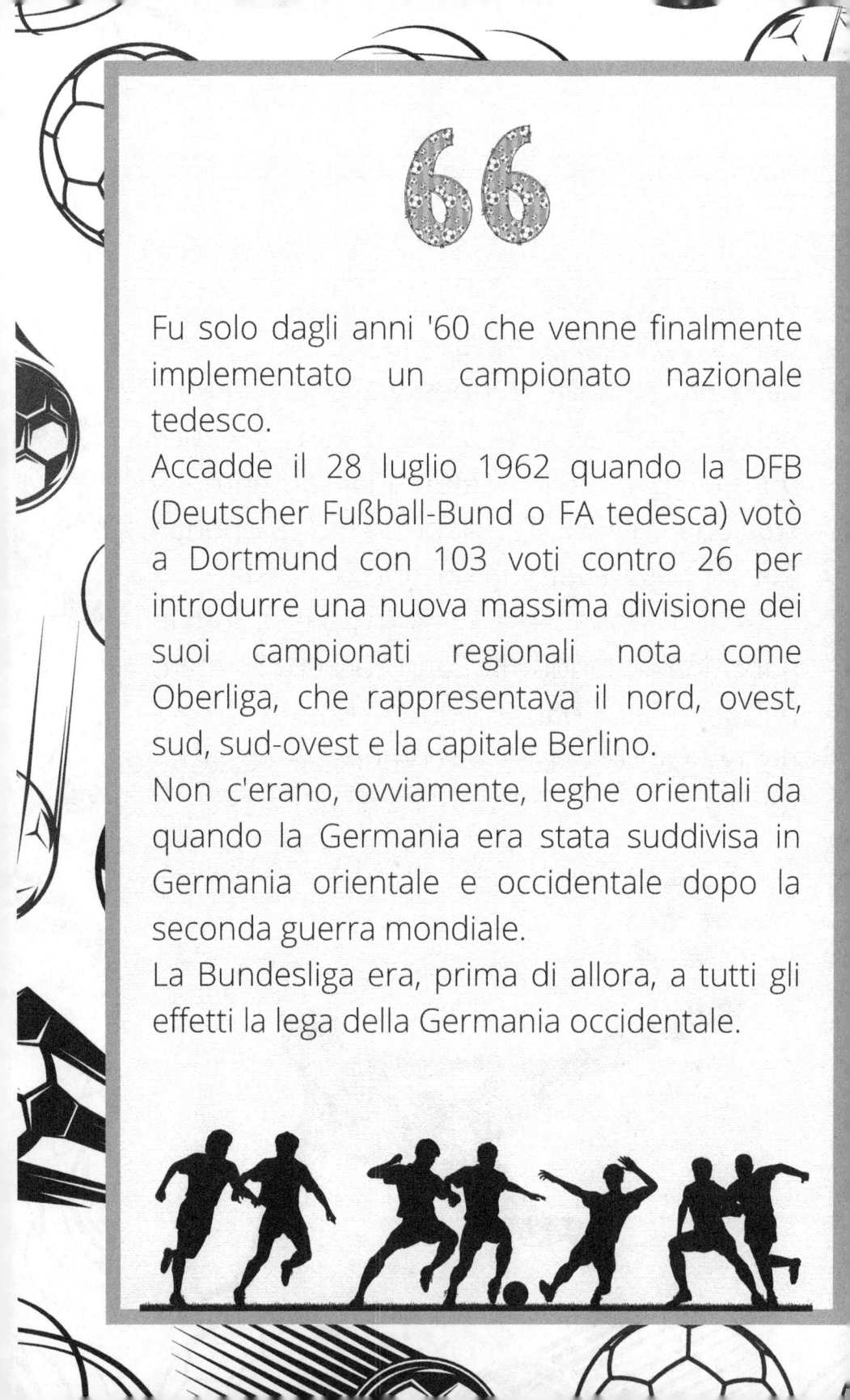

Fu solo dagli anni '60 che venne finalmente implementato un campionato nazionale tedesco.

Accadde il 28 luglio 1962 quando la DFB (Deutscher Fußball-Bund o FA tedesca) votò a Dortmund con 103 voti contro 26 per introdurre una nuova massima divisione dei suoi campionati regionali nota come Oberliga, che rappresentava il nord, ovest, sud, sud-ovest e la capitale Berlino.

Non c'erano, ovviamente, leghe orientali da quando la Germania era stata suddivisa in Germania orientale e occidentale dopo la seconda guerra mondiale.

La Bundesliga era, prima di allora, a tutti gli effetti la lega della Germania occidentale.

67

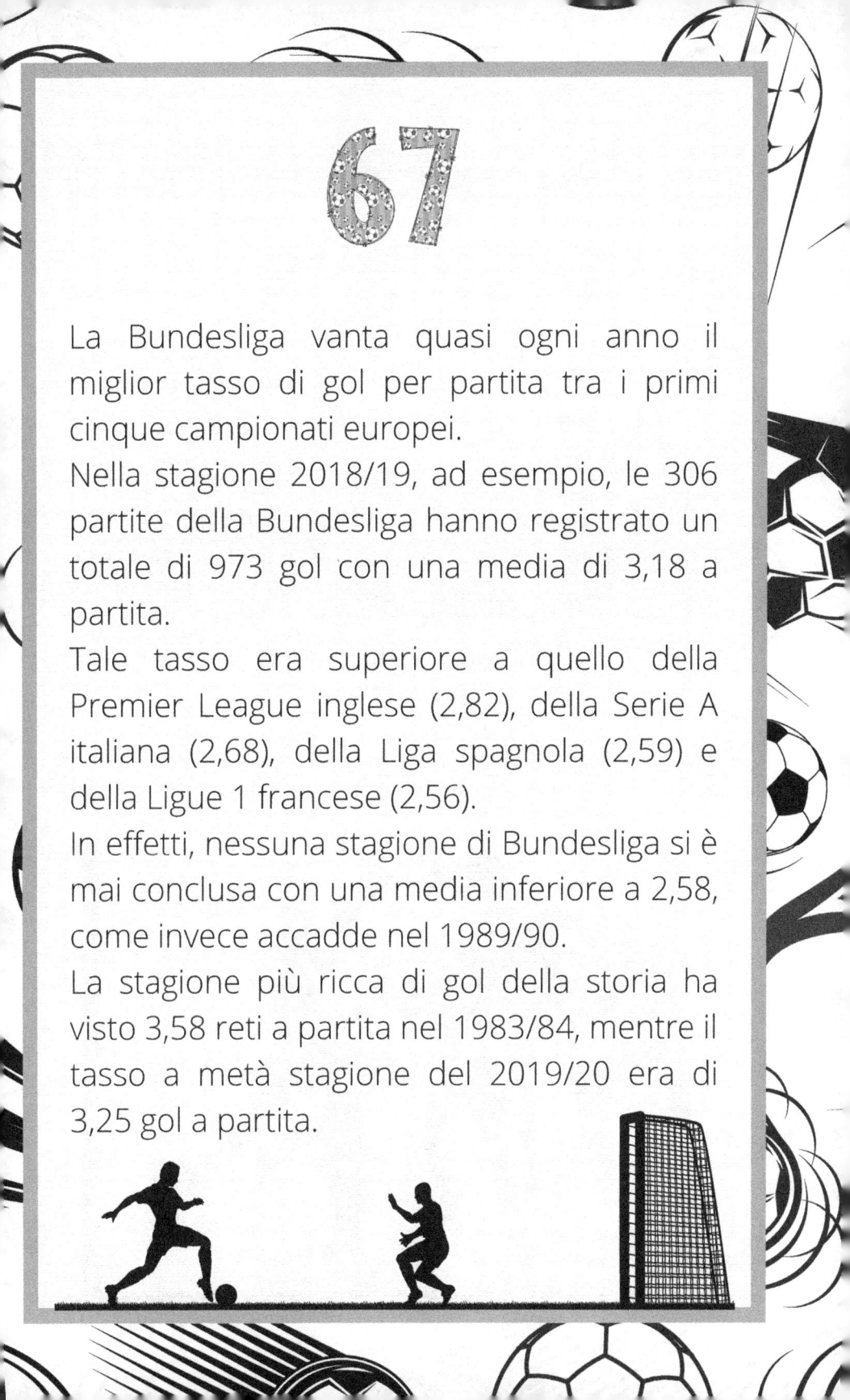

La Bundesliga vanta quasi ogni anno il miglior tasso di gol per partita tra i primi cinque campionati europei.

Nella stagione 2018/19, ad esempio, le 306 partite della Bundesliga hanno registrato un totale di 973 gol con una media di 3,18 a partita.

Tale tasso era superiore a quello della Premier League inglese (2,82), della Serie A italiana (2,68), della Liga spagnola (2,59) e della Ligue 1 francese (2,56).

In effetti, nessuna stagione di Bundesliga si è mai conclusa con una media inferiore a 2,58, come invece accadde nel 1989/90.

La stagione più ricca di gol della storia ha visto 3,58 reti a partita nel 1983/84, mentre il tasso a metà stagione del 2019/20 era di 3,25 gol a partita.

68

Lo stadio del Borussia Dortmund, il Westfalenstadion, ha una capacità totale di 81360 posti e detiene il record europeo per presenze medie da parte dei suoi tifosi. Inoltre, la sua curva conosciuta come "il muro giallo" è la curva più grande d'Europa con 24454 posti disponibili.

Ciò lo rende uno degli stadi più belli e suggestivi mai creati.

69

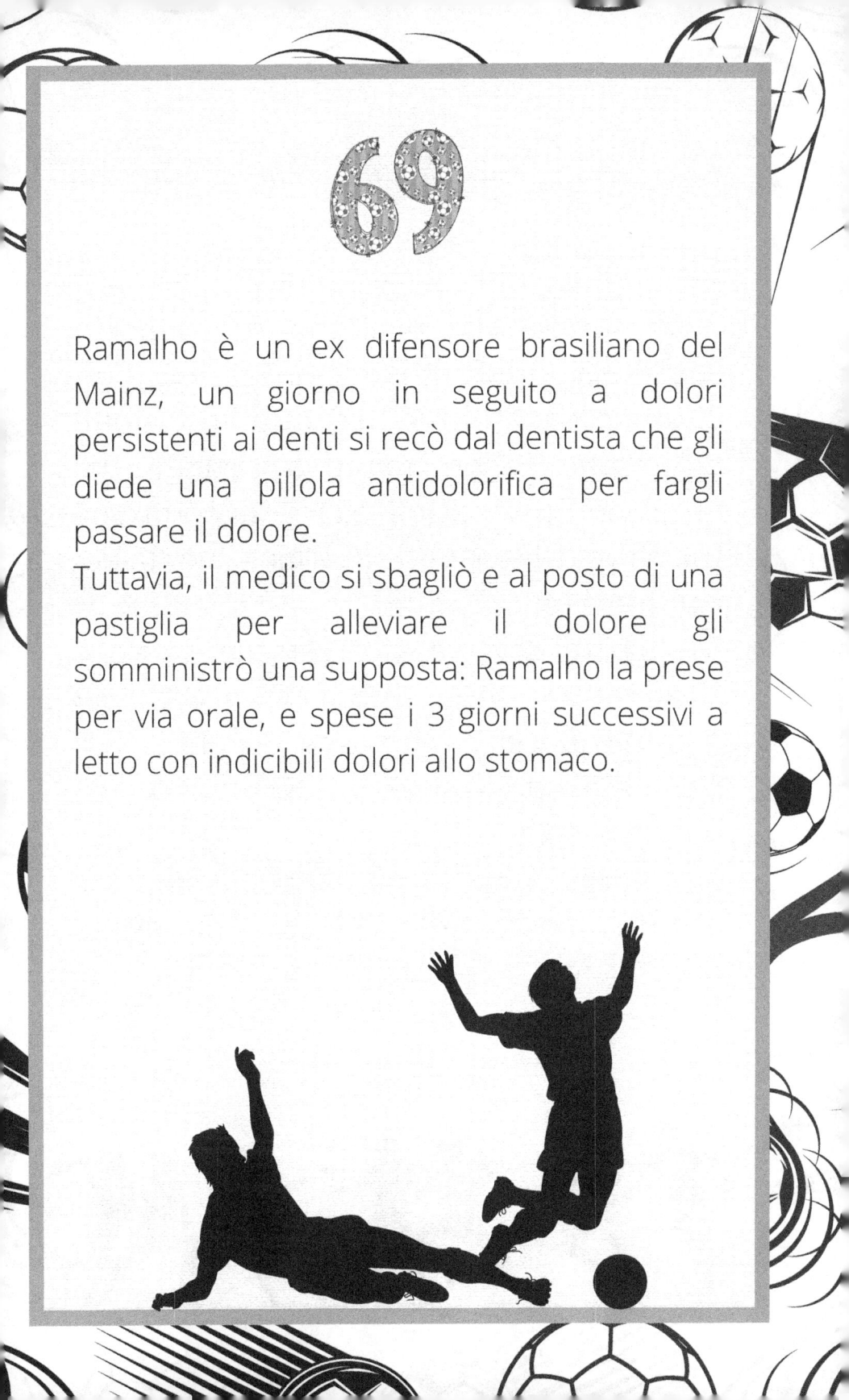

Ramalho è un ex difensore brasiliano del Mainz, un giorno in seguito a dolori persistenti ai denti si recò dal dentista che gli diede una pillola antidolorifica per fargli passare il dolore.

Tuttavia, il medico si sbagliò e al posto di una pastiglia per alleviare il dolore gli somministrò una supposta: Ramalho la prese per via orale, e spese i 3 giorni successivi a letto con indicibili dolori allo stomaco.

70

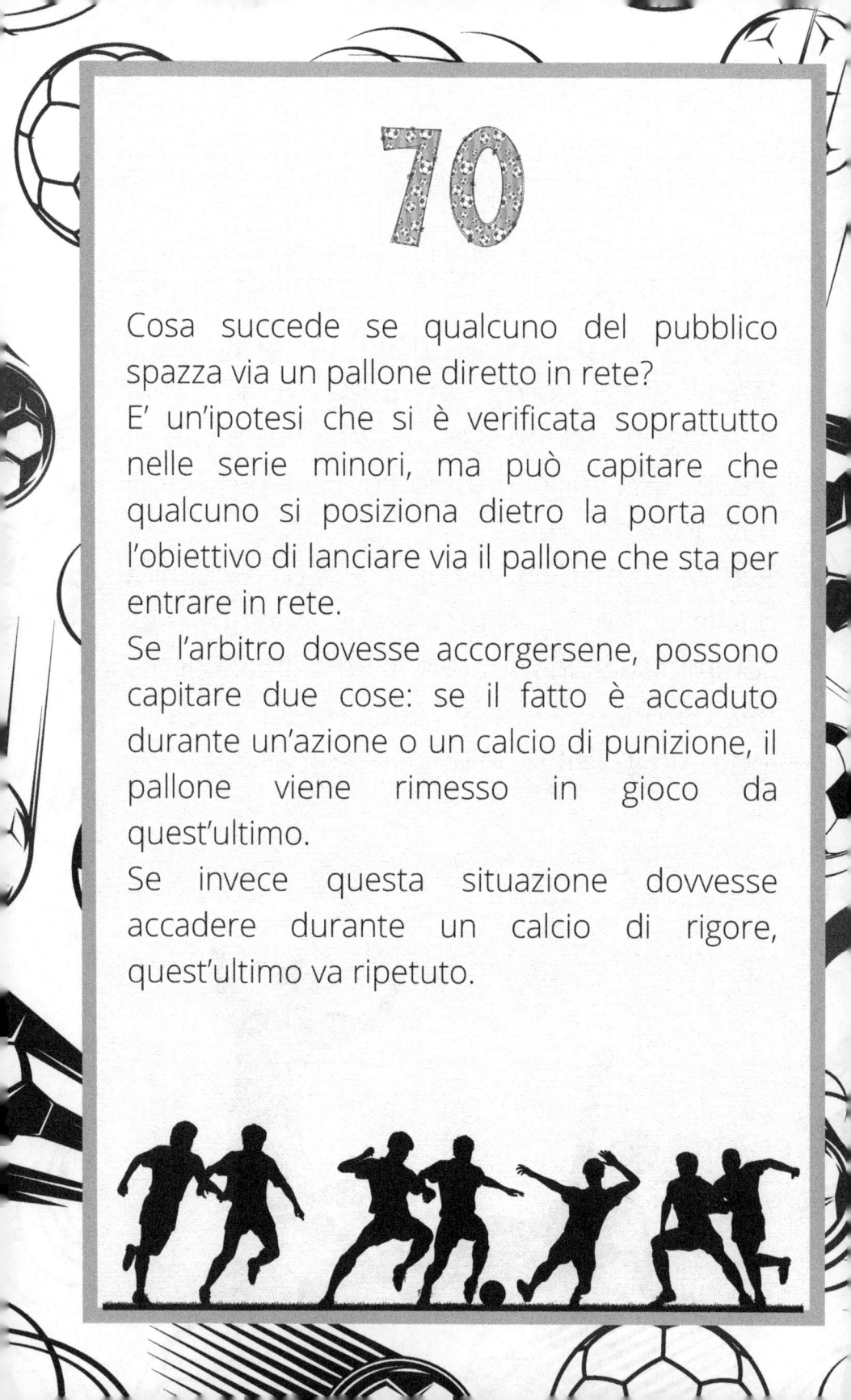

Cosa succede se qualcuno del pubblico spazza via un pallone diretto in rete?

E' un'ipotesi che si è verificata soprattutto nelle serie minori, ma può capitare che qualcuno si posiziona dietro la porta con l'obiettivo di lanciare via il pallone che sta per entrare in rete.

Se l'arbitro dovesse accorgersene, possono capitare due cose: se il fatto è accaduto durante un'azione o un calcio di punizione, il pallone viene rimesso in gioco da quest'ultimo.

Se invece questa situazione dovesse accadere durante un calcio di rigore, quest'ultimo va ripetuto.

71

Inaki Williams, attaccante in forza all'Athletic Bilbao, tra il 2016 e il 2022 ha giocato ogni singola partita della Liga rendendolo a tutti gli effetti il giocatore con più presenze consecutive.

In tempi recenti contro il Celta Vigo ha effettuato la sua 224° partita consecutiva.

72

Dal 1982 almeno un giocatore del Bayern è stato titolare in ogni finale di Coppa del Mondo.

La Germania è apparsa nelle finali rispettivamente nel 1982, '86, '90, '02 e 2014, mentre giocatori come Jorginho (Brasile nel '94), Bixente Lizarazu (Francia nel '98), Willy Sagnol (Francia '06) e Arjen Robben (Paesi Bassi '10) pur non essendo tedeschi, sono stati presenti nelle altre finali.

Il Bayern Monaco è l'unica squadra di club che può vantare questo record.

73

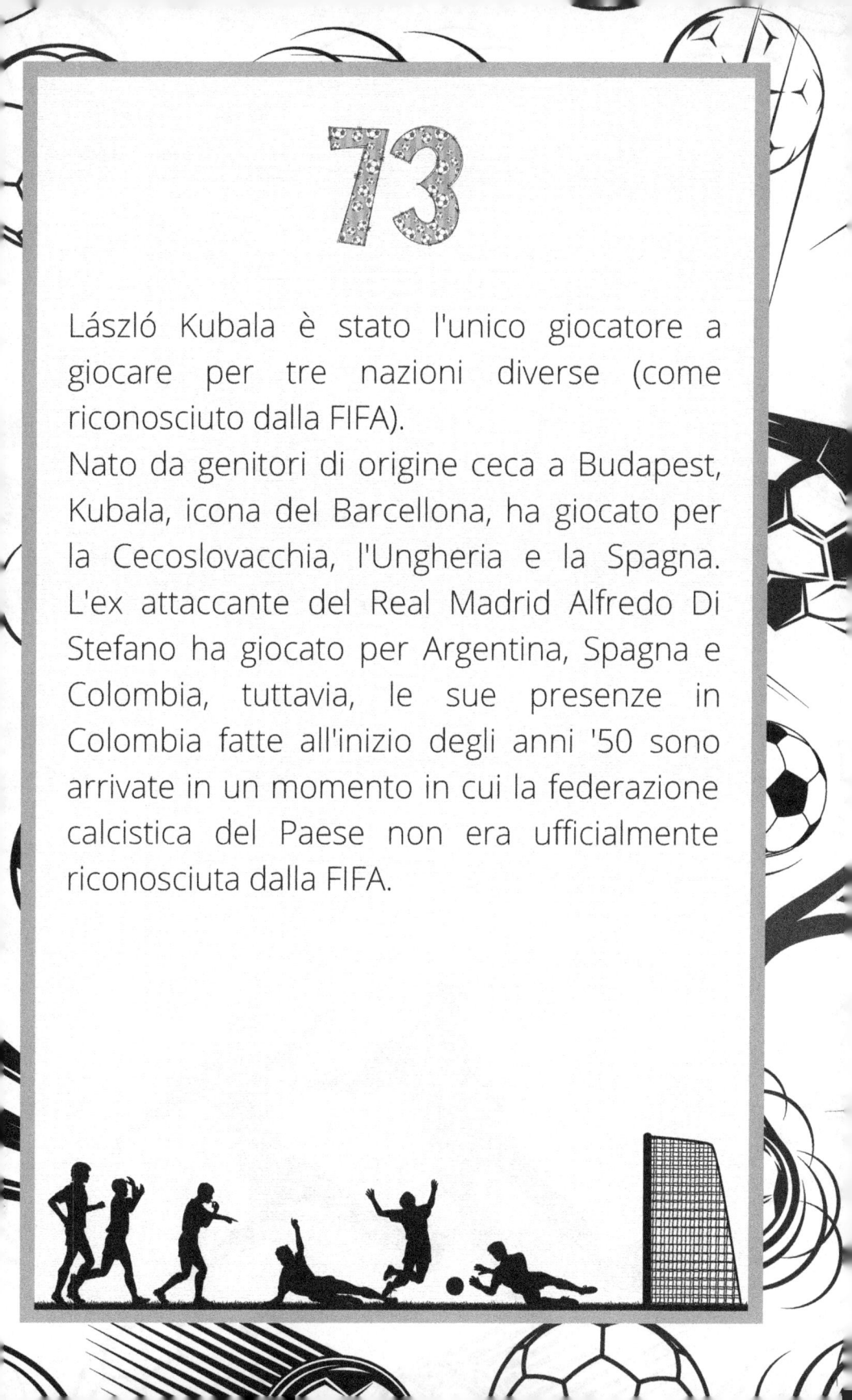

László Kubala è stato l'unico giocatore a giocare per tre nazioni diverse (come riconosciuto dalla FIFA).

Nato da genitori di origine ceca a Budapest, Kubala, icona del Barcellona, ha giocato per la Cecoslovacchia, l'Ungheria e la Spagna. L'ex attaccante del Real Madrid Alfredo Di Stefano ha giocato per Argentina, Spagna e Colombia, tuttavia, le sue presenze in Colombia fatte all'inizio degli anni '50 sono arrivate in un momento in cui la federazione calcistica del Paese non era ufficialmente riconosciuta dalla FIFA.

74

Zlatan Ibrahimovic, iconica leggenda del calcio con più di 400 gol, ora in forza al Milan, ha giocato per sei squadre che hanno vinto la Champions League, ma in realtà lui non ha mai vinto il trofeo direttamente. L'attaccante è stato in Ajax, Barcellona, Inter, Juventus, Milan e Manchester United.

75

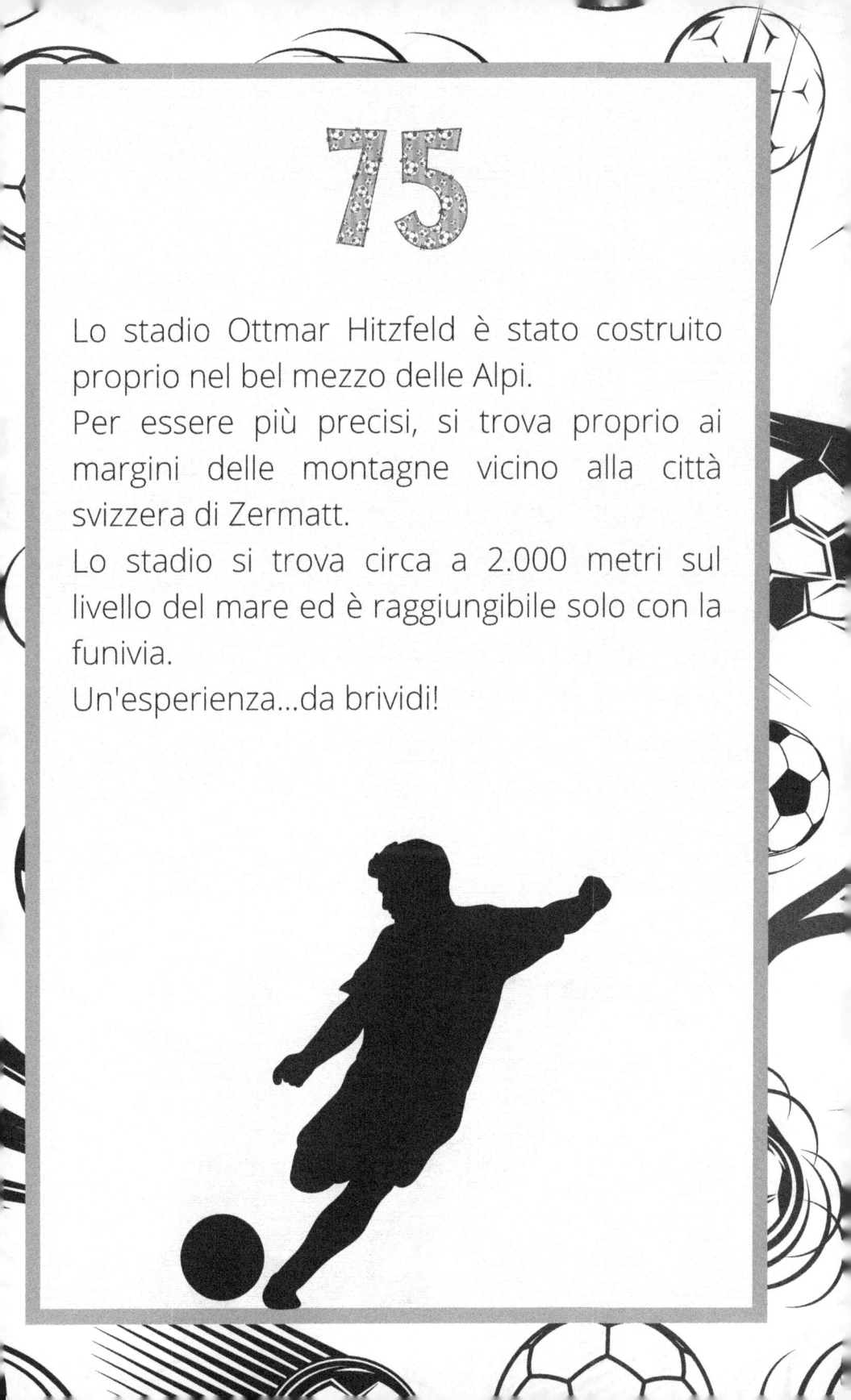

Lo stadio Ottmar Hitzfeld è stato costruito proprio nel bel mezzo delle Alpi.

Per essere più precisi, si trova proprio ai margini delle montagne vicino alla città svizzera di Zermatt.

Lo stadio si trova circa a 2.000 metri sul livello del mare ed è raggiungibile solo con la funivia.

Un'esperienza...da brividi!

76

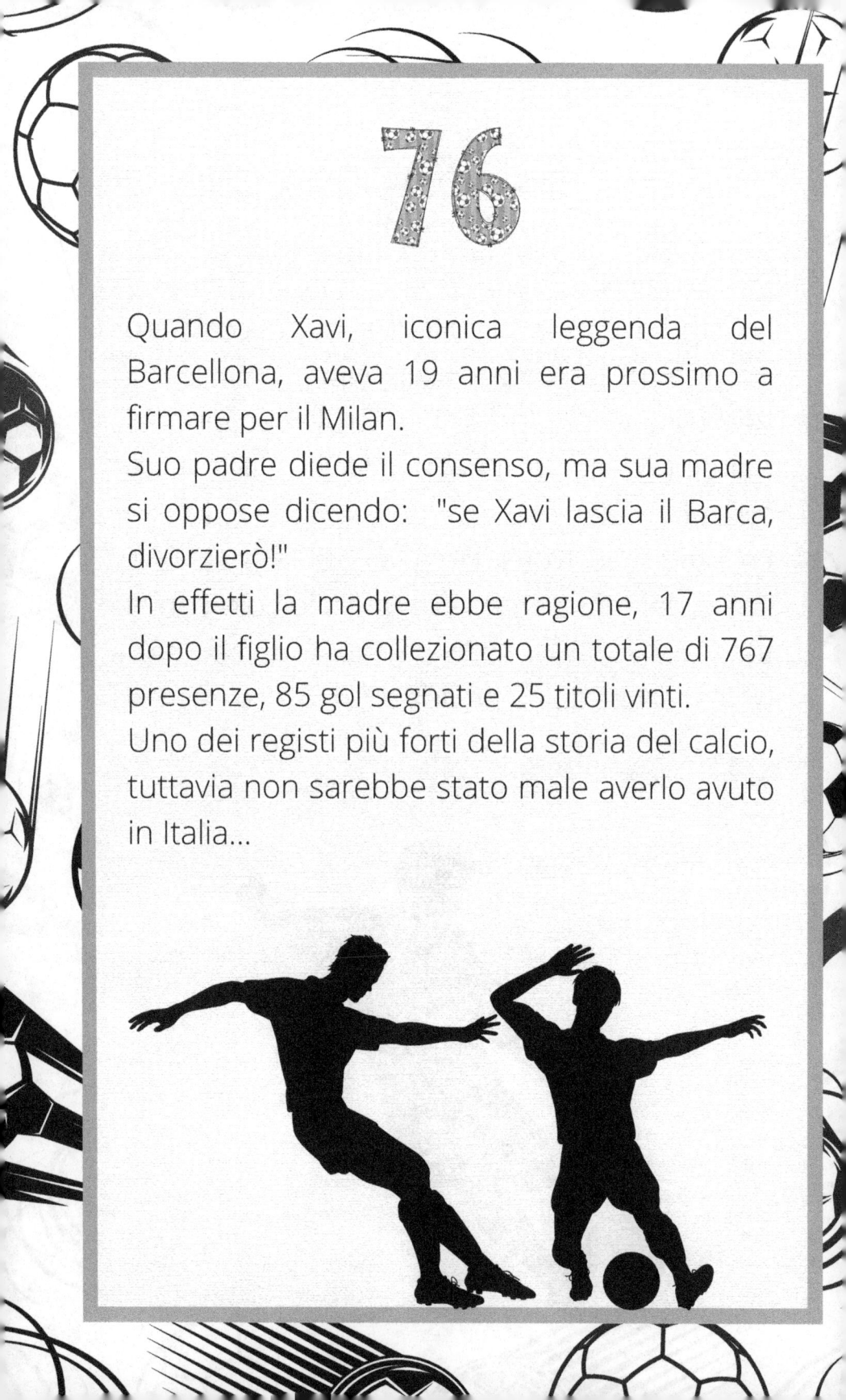

Quando Xavi, iconica leggenda del Barcellona, aveva 19 anni era prossimo a firmare per il Milan.

Suo padre diede il consenso, ma sua madre si oppose dicendo: "se Xavi lascia il Barca, divorzierò!"

In effetti la madre ebbe ragione, 17 anni dopo il figlio ha collezionato un totale di 767 presenze, 85 gol segnati e 25 titoli vinti.

Uno dei registi più forti della storia del calcio, tuttavia non sarebbe stato male averlo avuto in Italia...

77

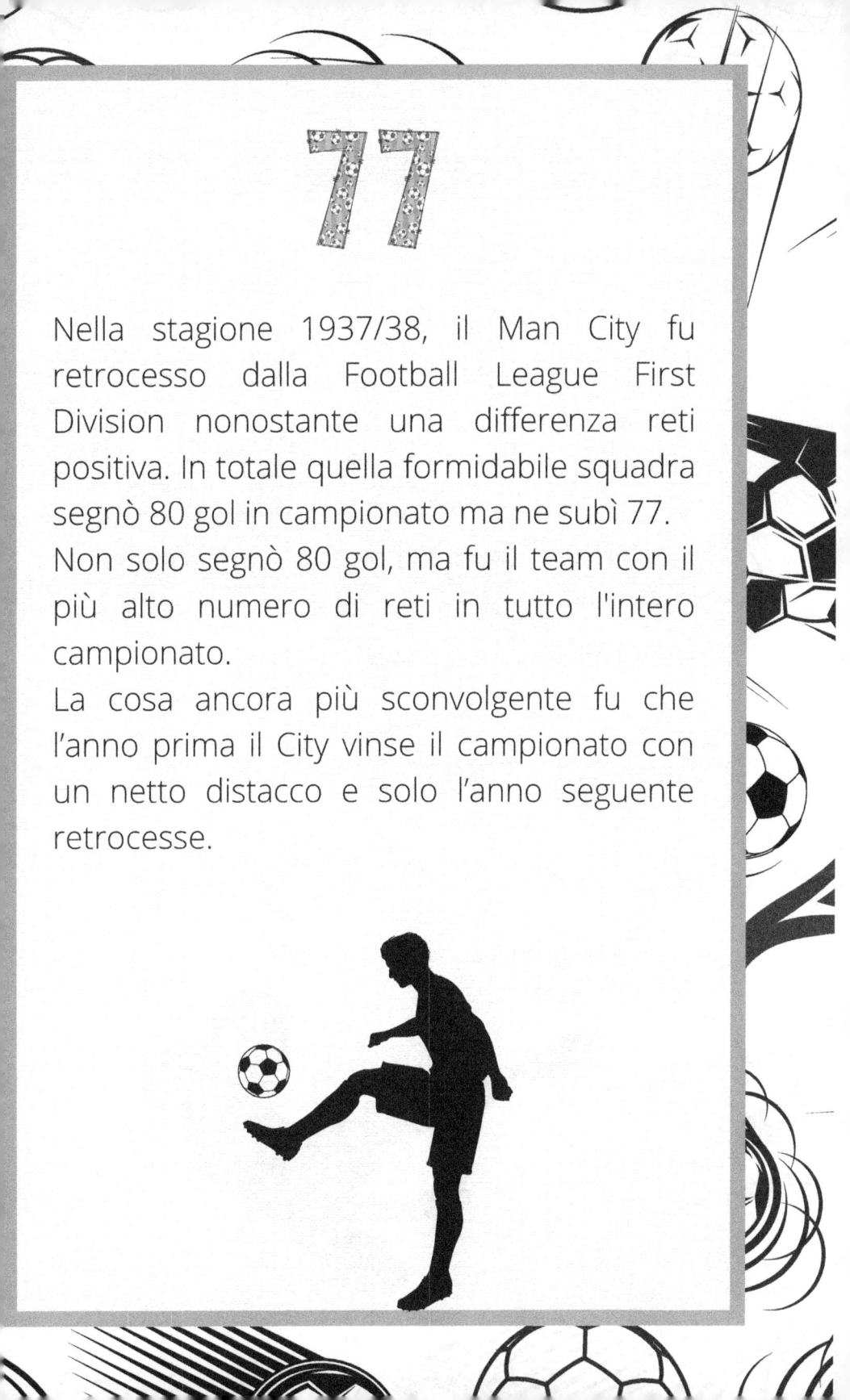

Nella stagione 1937/38, il Man City fu retrocesso dalla Football League First Division nonostante una differenza reti positiva. In totale quella formidabile squadra segnò 80 gol in campionato ma ne subì 77.

Non solo segnò 80 gol, ma fu il team con il più alto numero di reti in tutto l'intero campionato.

La cosa ancora più sconvolgente fu che l'anno prima il City vinse il campionato con un netto distacco e solo l'anno seguente retrocesse.

78

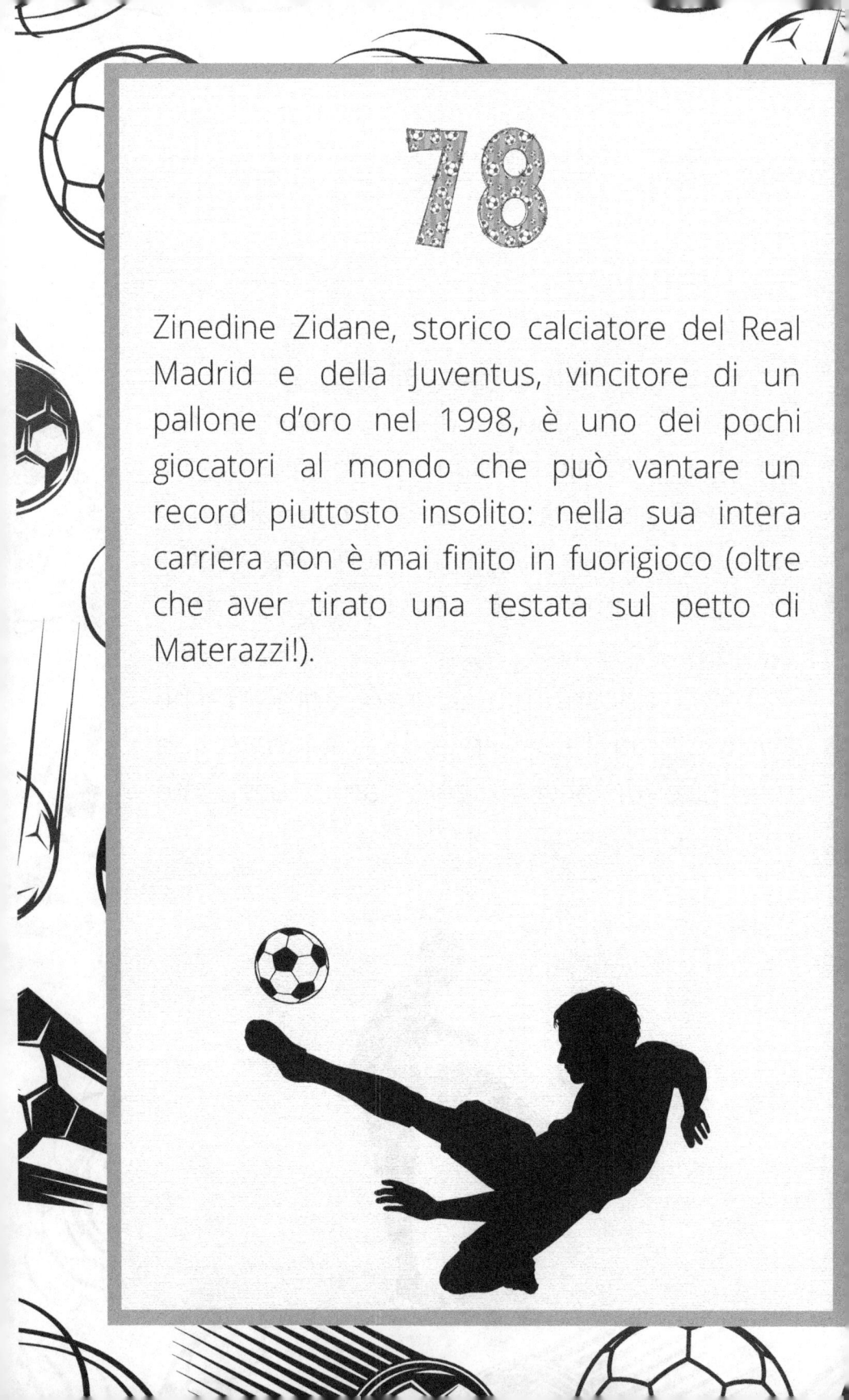

Zinedine Zidane, storico calciatore del Real Madrid e della Juventus, vincitore di un pallone d'oro nel 1998, è uno dei pochi giocatori al mondo che può vantare un record piuttosto insolito: nella sua intera carriera non è mai finito in fuorigioco (oltre che aver tirato una testata sul petto di Materazzi!).

79

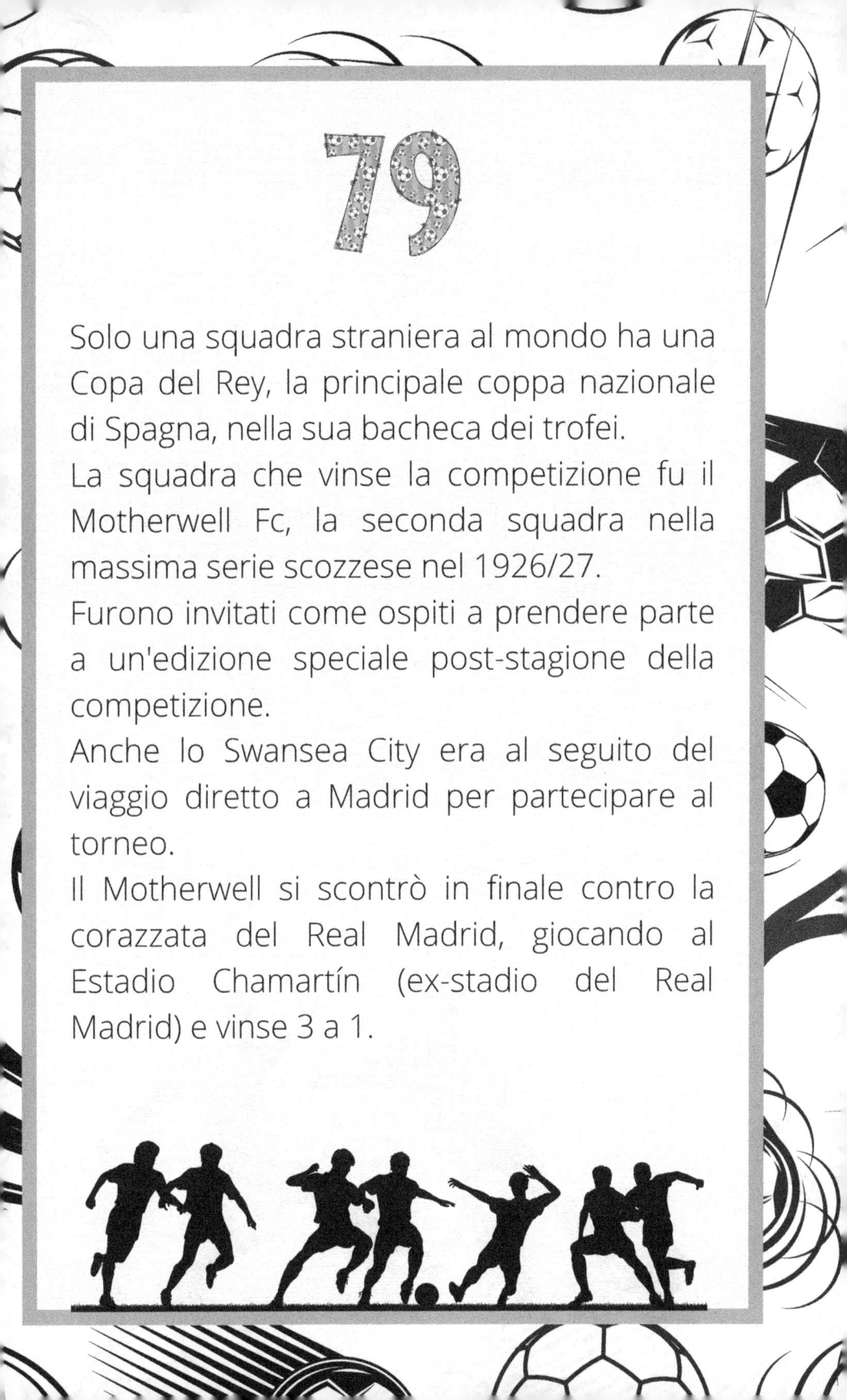

Solo una squadra straniera al mondo ha una Copa del Rey, la principale coppa nazionale di Spagna, nella sua bacheca dei trofei.

La squadra che vinse la competizione fu il Motherwell Fc, la seconda squadra nella massima serie scozzese nel 1926/27.

Furono invitati come ospiti a prendere parte a un'edizione speciale post-stagione della competizione.

Anche lo Swansea City era al seguito del viaggio diretto a Madrid per partecipare al torneo.

Il Motherwell si scontrò in finale contro la corazzata del Real Madrid, giocando al Estadio Chamartín (ex-stadio del Real Madrid) e vinse 3 a 1.

80

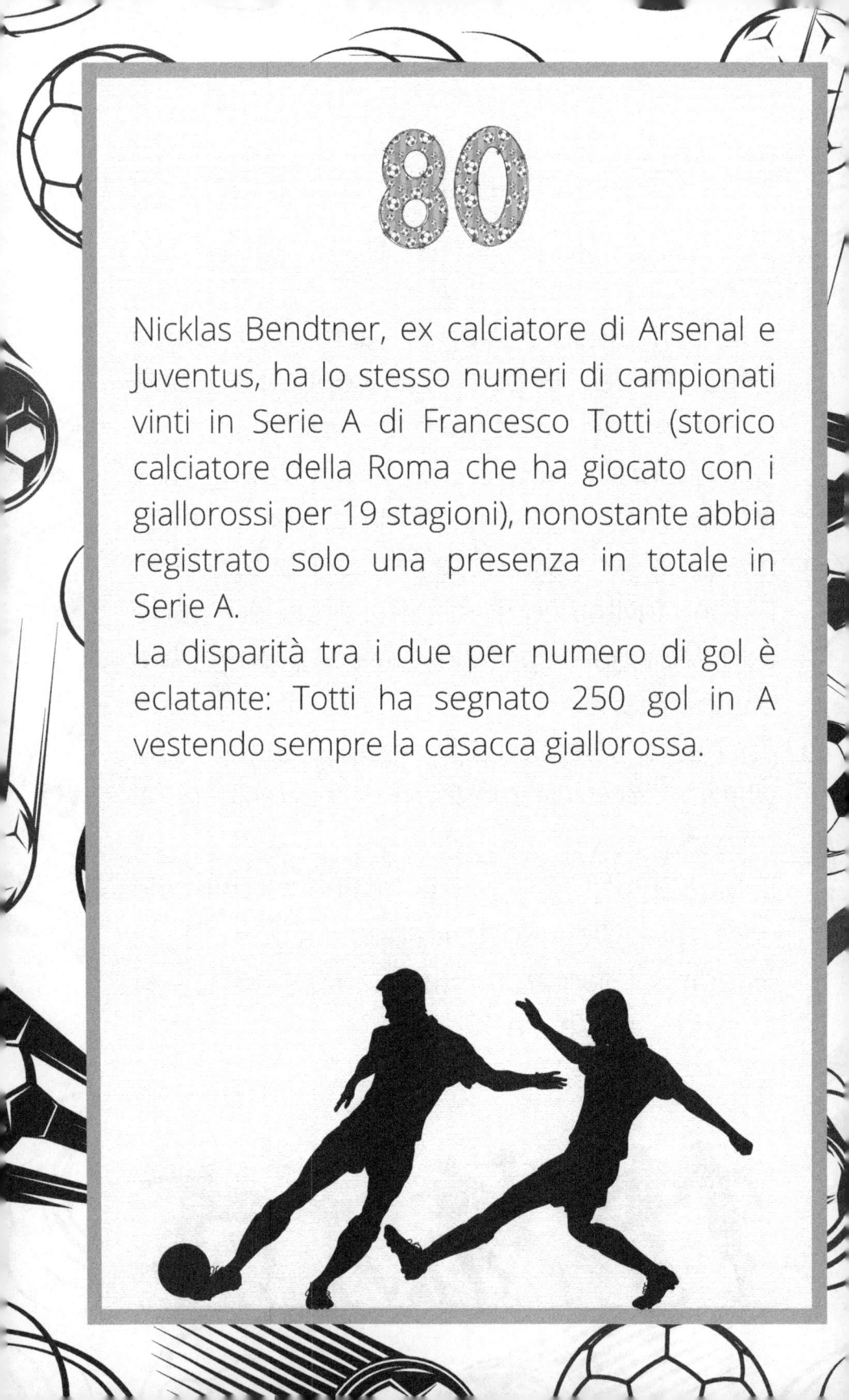

Nicklas Bendtner, ex calciatore di Arsenal e Juventus, ha lo stesso numeri di campionati vinti in Serie A di Francesco Totti (storico calciatore della Roma che ha giocato con i giallorossi per 19 stagioni), nonostante abbia registrato solo una presenza in totale in Serie A.

La disparità tra i due per numero di gol è eclatante: Totti ha segnato 250 gol in A vestendo sempre la casacca giallorossa.

81

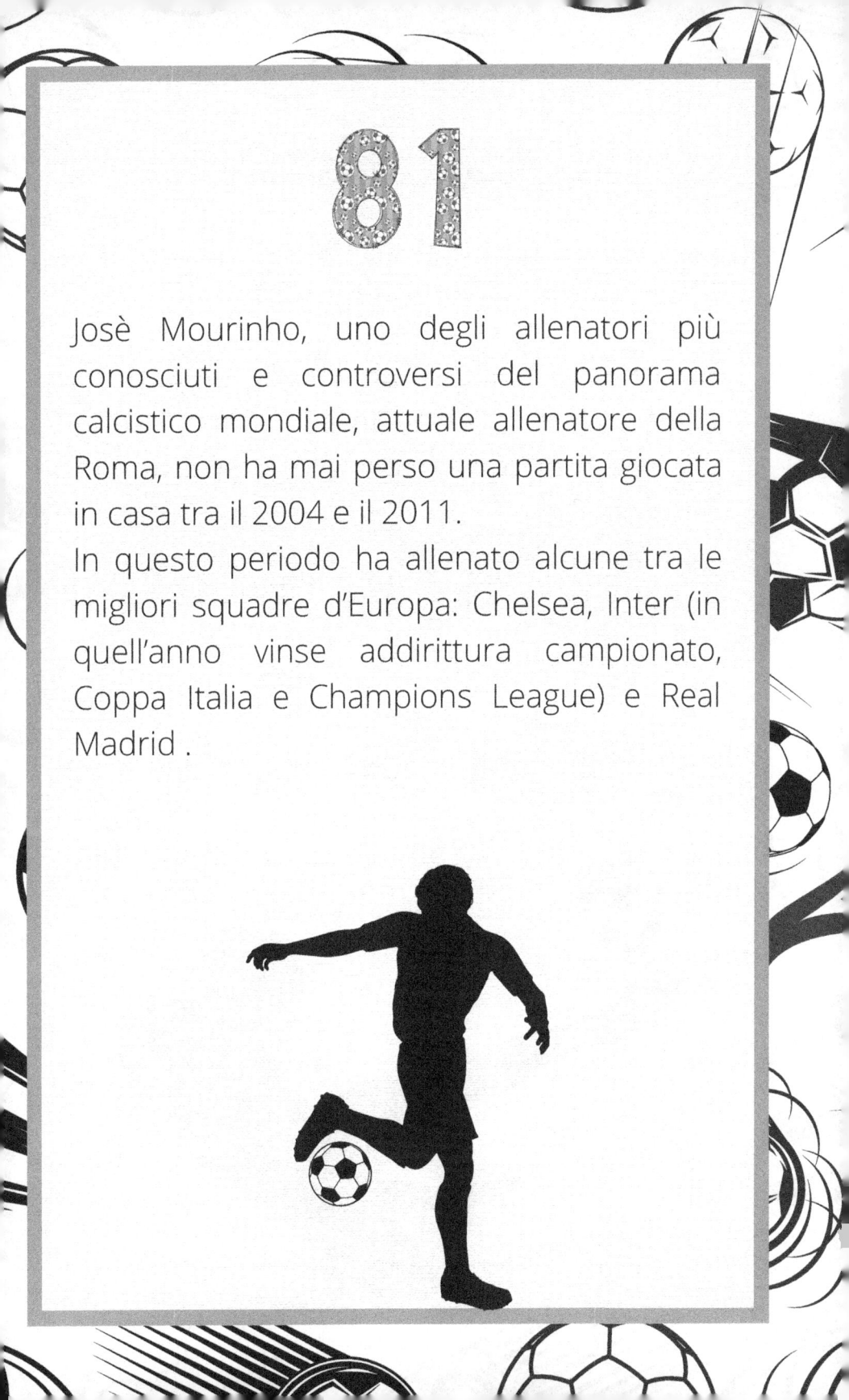

Josè Mourinho, uno degli allenatori più conosciuti e controversi del panorama calcistico mondiale, attuale allenatore della Roma, non ha mai perso una partita giocata in casa tra il 2004 e il 2011.

In questo periodo ha allenato alcune tra le migliori squadre d'Europa: Chelsea, Inter (in quell'anno vinse addirittura campionato, Coppa Italia e Champions League) e Real Madrid.

82

Il padre dello storico calciatore del Manchester United Gary Neville è stato un giocatore di cricket della massima serie inglese, procuratore per alcuni giocatori e direttore.
La sua particolarità?
Si chiamava Neville Neville.

83

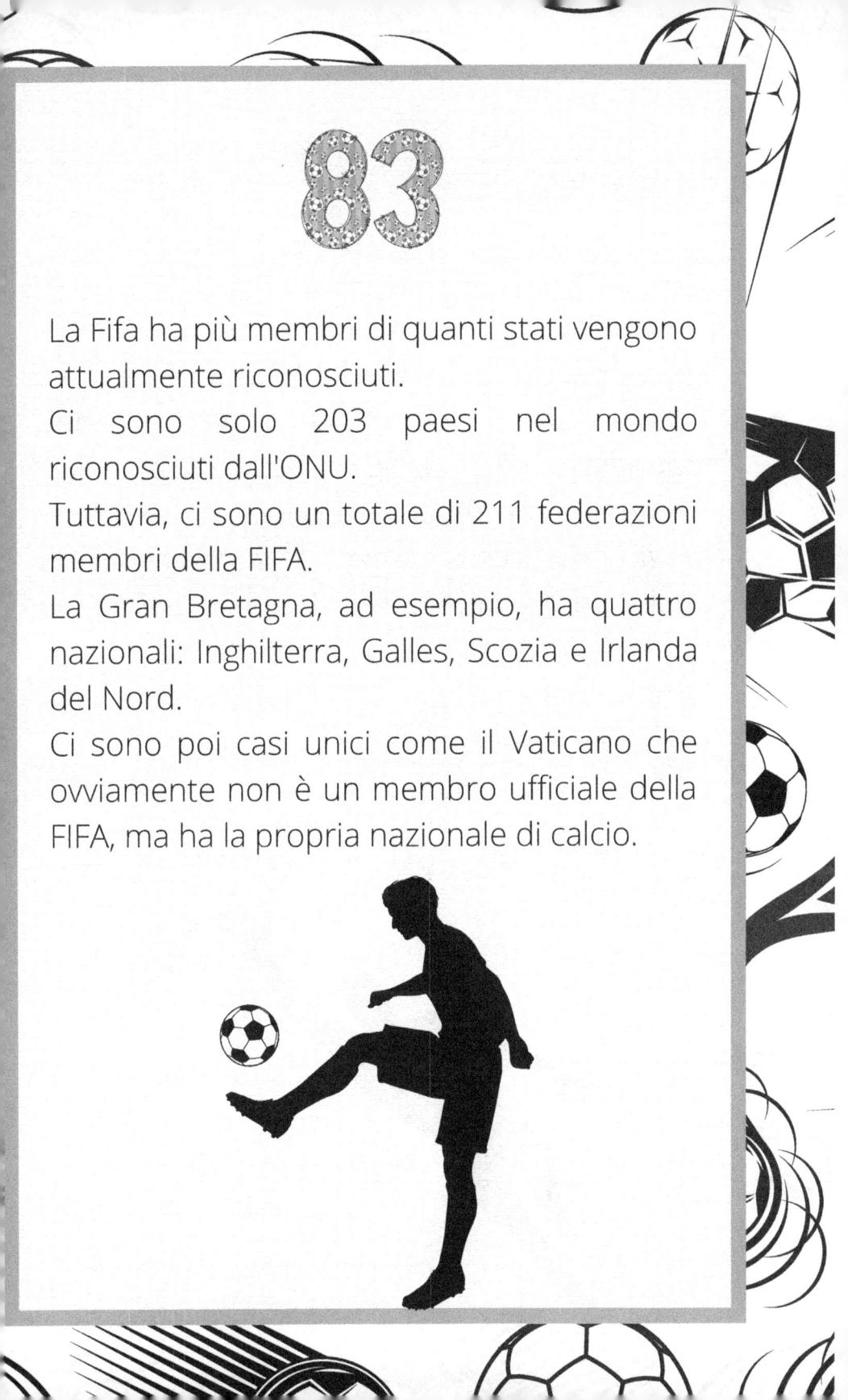

La Fifa ha più membri di quanti stati vengono attualmente riconosciuti.
Ci sono solo 203 paesi nel mondo riconosciuti dall'ONU.
Tuttavia, ci sono un totale di 211 federazioni membri della FIFA.
La Gran Bretagna, ad esempio, ha quattro nazionali: Inghilterra, Galles, Scozia e Irlanda del Nord.
Ci sono poi casi unici come il Vaticano che ovviamente non è un membro ufficiale della FIFA, ma ha la propria nazionale di calcio.

84

Quando il sudcoreano Jung Hwan ha portato in vantaggio la Corea del Sud per 1 a 0 ai danni dell'Italia, nei minuti di recupero dei Mondiali di calcio del 2002, era letteralmente impazzito di gioia.

Il giorno successivo però, è stato licenziato dalla sua squadra, l'AC Perugia, perché il proprietario del club ha detto che non poteva pagare qualcuno che aveva fatto una cosa del genere all'Italia.

85

Il 7 a 1 della Germania contro il Brasile nel 2014 non è stata la partita con più gol nella storia dei mondiali.
Nel 1982 infatti, l'Ungheria sconfisse El Salvador per 10 a 1, facendo registrare un record che ancora oggi è imbattuto.

86

Ronny Heberson, centrocampista brasiliano ancora oggi in attività, detiene un record un po' particolare: il tiro più forte della storia da cui è scaturito un gol.

Nel 26 Novembre del 2006, quando la sua squadra vinse per 4 a 0, scagliò il tiro più forte che l'uomo abbia mai visto: la palla partì ai 221 km/h, superando la barriera e finendo in rete.

87

Il gol realizzato dalla maggiore distanza da un portiere (ma anche in assoluto) è quello dell'inglese Tom King.

In una gara disputata nel Gennaio del 2021 in Inghilterra tra Il Newport County e Cheltenham Town, King ha segnato un gol direttamente da rimessa da fondo per una distanza di 96,01 metri.

Il secondo gol segnato da più distante appartiene sempre al campionato inglese. Contro il Southampton, il portiere Asmir Begovic ha realizzato un gol da ben 91,9 metri!

88

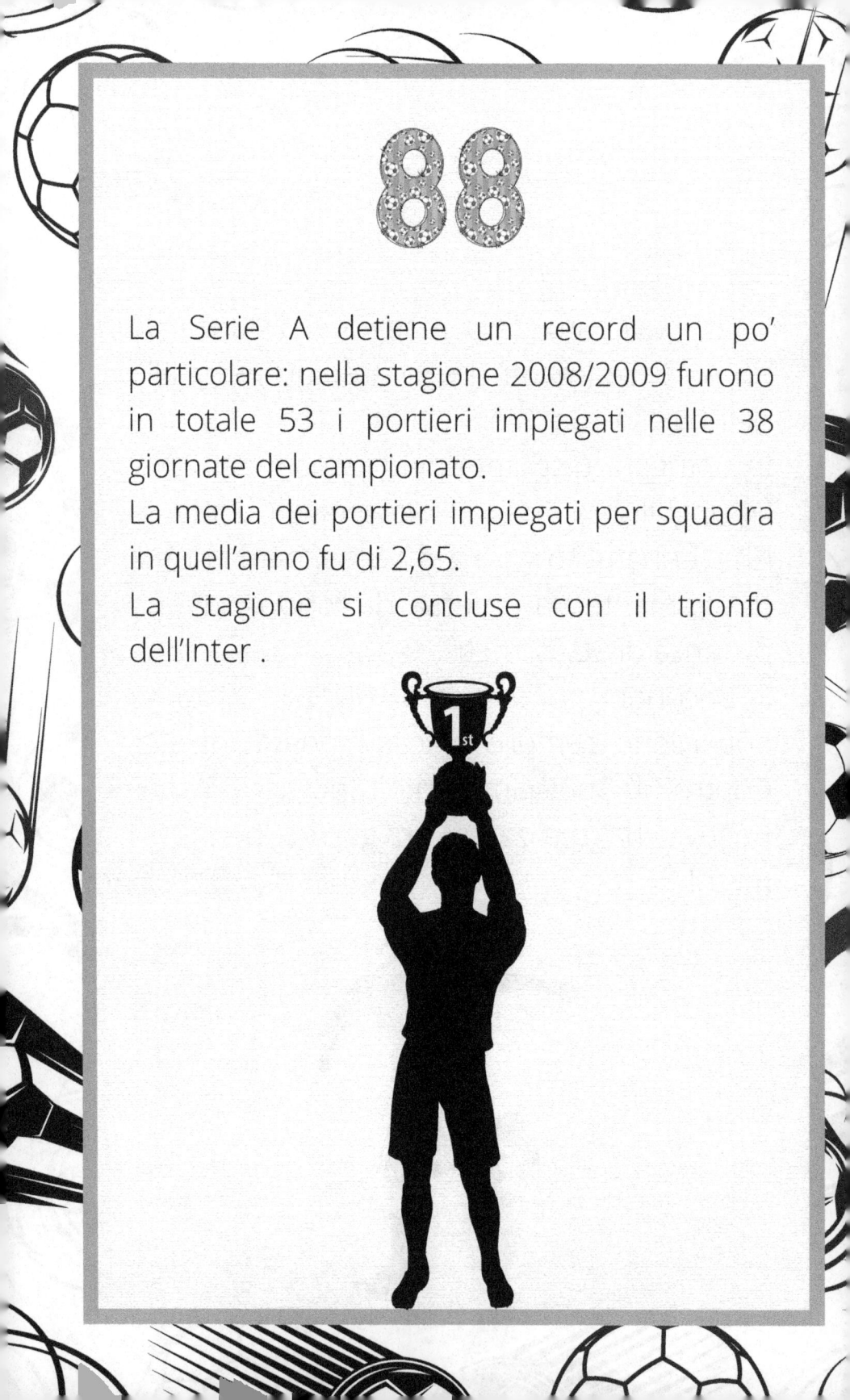

La Serie A detiene un record un po' particolare: nella stagione 2008/2009 furono in totale 53 i portieri impiegati nelle 38 giornate del campionato.
La media dei portieri impiegati per squadra in quell'anno fu di 2,65.
La stagione si concluse con il trionfo dell'Inter.

89

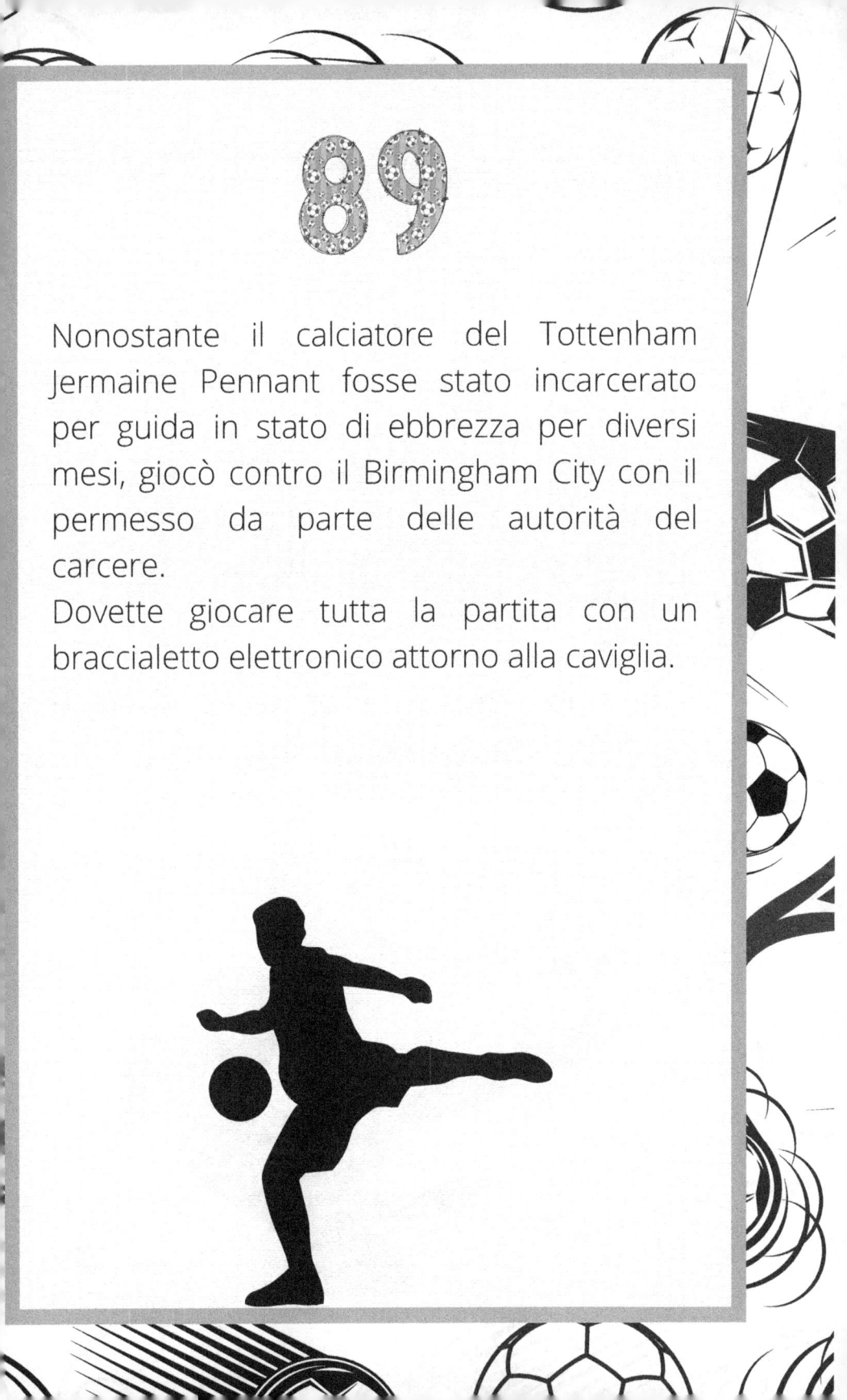

Nonostante il calciatore del Tottenham Jermaine Pennant fosse stato incarcerato per guida in stato di ebbrezza per diversi mesi, giocò contro il Birmingham City con il permesso da parte delle autorità del carcere.

Dovette giocare tutta la partita con un braccialetto elettronico attorno alla caviglia.

90

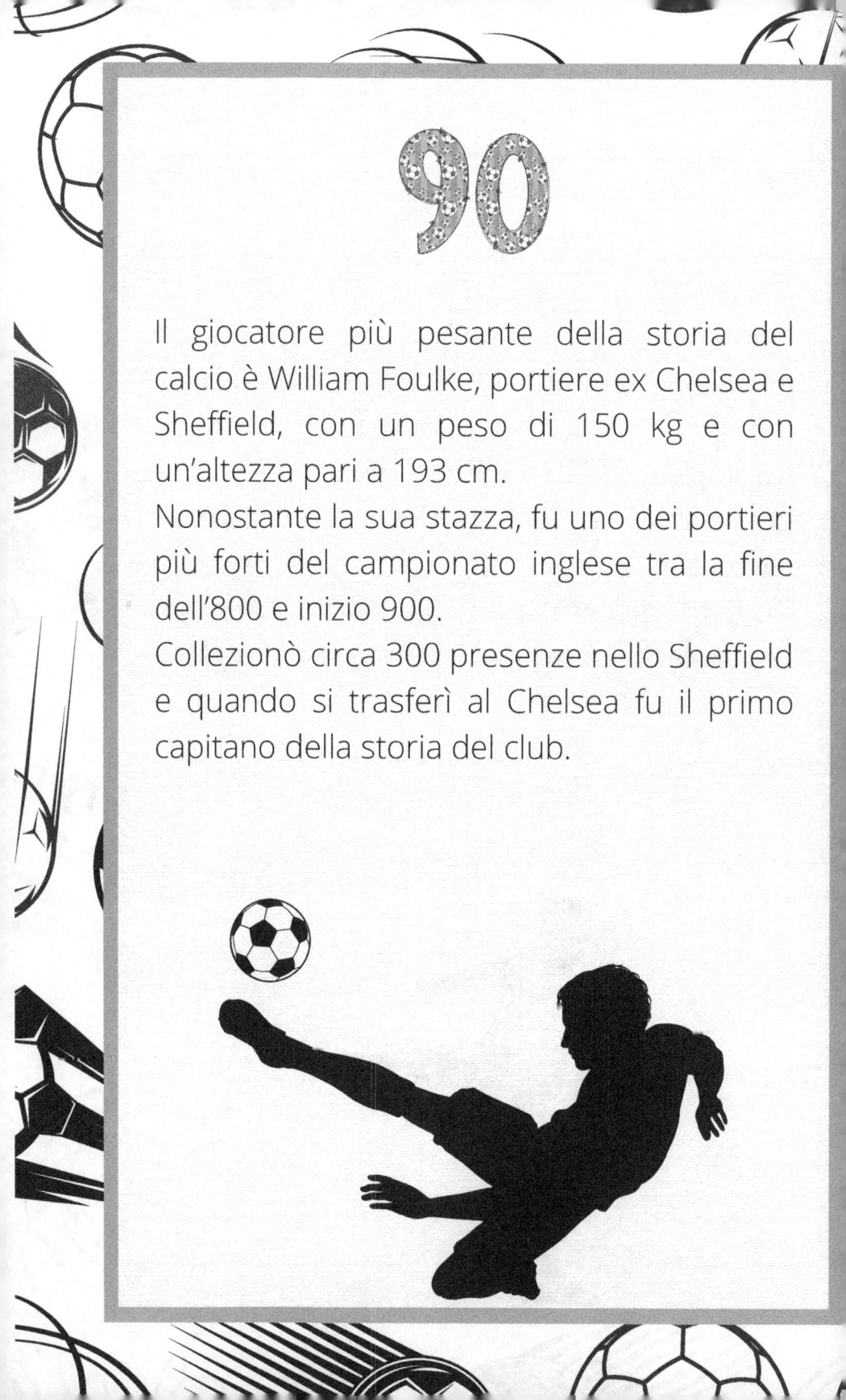

Il giocatore più pesante della storia del calcio è William Foulke, portiere ex Chelsea e Sheffield, con un peso di 150 kg e con un'altezza pari a 193 cm.

Nonostante la sua stazza, fu uno dei portieri più forti del campionato inglese tra la fine dell'800 e inizio 900.

Collezionò circa 300 presenze nello Sheffield e quando si trasferì al Chelsea fu il primo capitano della storia del club.

91

Ai mondiali di Francia del 1998, la Romania festeggiò il passaggio del turno agli ottavi facendo tingere i propri giocatori di biondo, ad eccezione del portiere Bogdan Stelea che era completamente calvo.
Furono poi eliminati agli ottavi per mano della Croazia con un gol su rigore.
Possiamo dire con certezza che si sono comunque divertiti!

92

Cristiano Ronaldo fu espulso da scuola quando aveva solo 14 anni perché lanciò una sedia all'insegnante dopo che quest'ultimo, secondo la biografia di Ronaldo, lo prendeva in giro per le condizioni economiche della sua famiglia. Dopo l'espulsione Ronaldo si focalizzò solo sul calcio e da lì a poco fu preso dall'academy dello Sporting Lisbona.
Crediamo sia doveroso ringraziare quell'insegnante per aver reso Ronaldo il talento che è oggi.

93

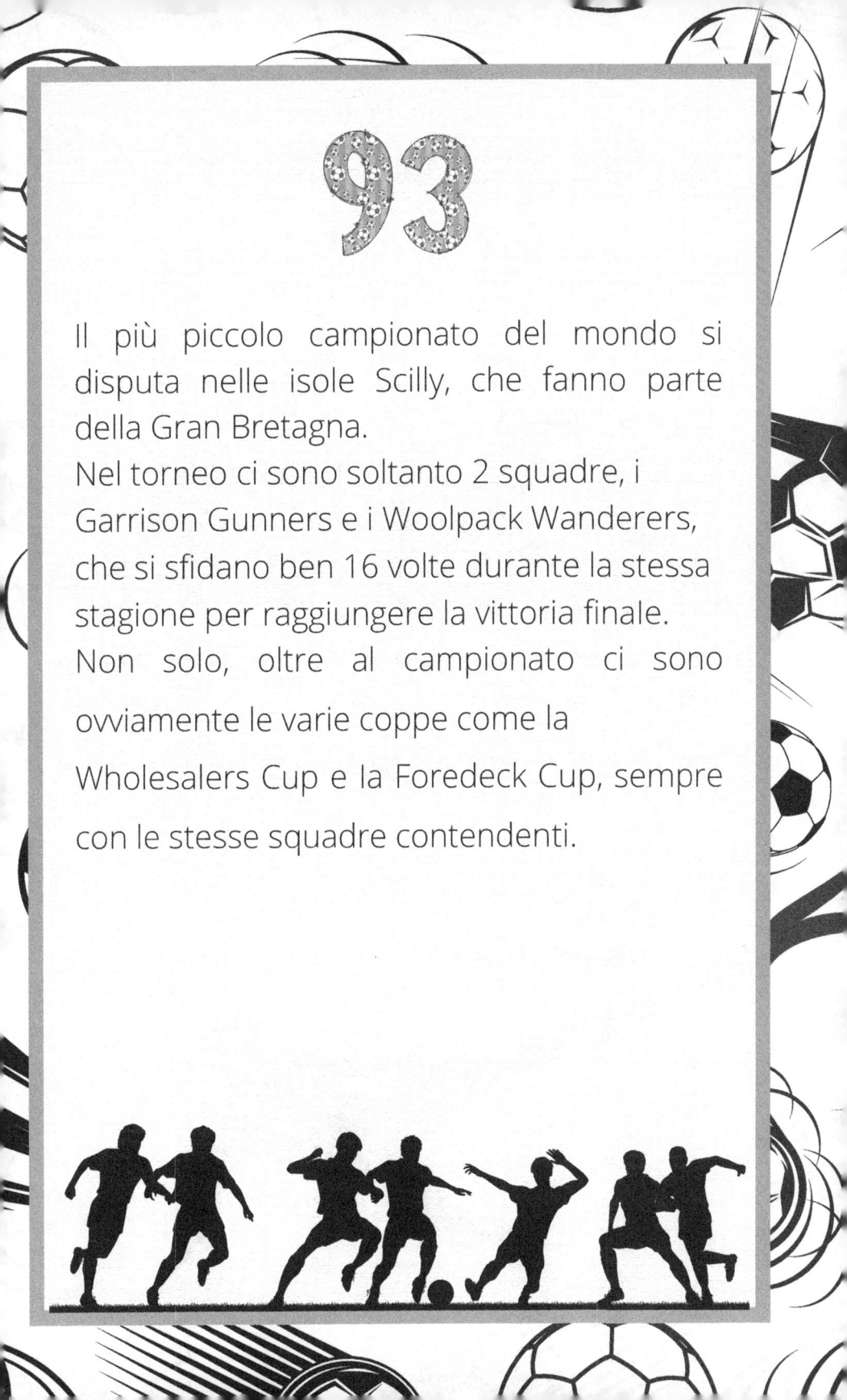

Il più piccolo campionato del mondo si disputa nelle isole Scilly, che fanno parte della Gran Bretagna.

Nel torneo ci sono soltanto 2 squadre, i Garrison Gunners e i Woolpack Wanderers, che si sfidano ben 16 volte durante la stessa stagione per raggiungere la vittoria finale.

Non solo, oltre al campionato ci sono ovviamente le varie coppe come la Wholesalers Cup e la Foredeck Cup, sempre con le stesse squadre contendenti.

94

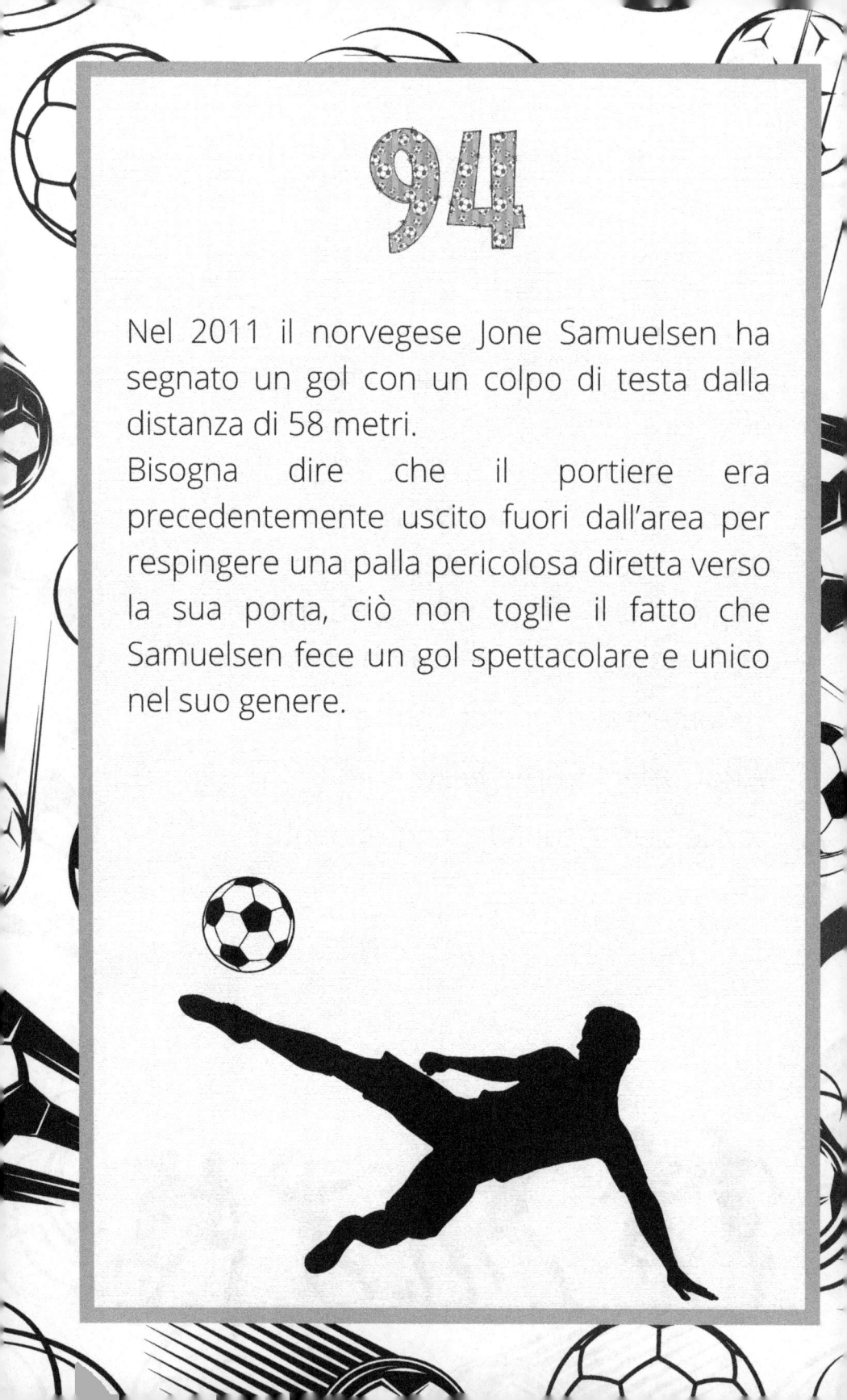

Nel 2011 il norvegese Jone Samuelsen ha segnato un gol con un colpo di testa dalla distanza di 58 metri.

Bisogna dire che il portiere era precedentemente uscito fuori dall'area per respingere una palla pericolosa diretta verso la sua porta, ciò non toglie il fatto che Samuelsen fece un gol spettacolare e unico nel suo genere.

95

Se hai sentito il nome Mwepu Ilunga è perché probabilmente conosci la storia della Repubblica Democratica del Congo ai mondiali del 1974.

Dopo essersi qualificati sorprendentemente, iniziarono ad arrivare le prime sonore sconfitte fino a quando i giocatori del Congo non furono minacciati di essere esiliati se avessero subito più di 3 gol di scarto dal Brasile; la partita terminò sul 3 a 0.

Durante lo svolgimento dell'ultima azione, il Brasile si procurò un calcio di punizione in una zona pericolosa del campo ed un calciatore del Congo a pallone completamente fermo lo lanciò lontanissimo per perdere tempo.

Fu ammonito ma il Congo riuscì nell'impresa.

96

Il nazionale danese Allan Nielsen non ha potuto disputare una partita quando giocava per il Tottenham per un infortunio un po' particolare: sua figlia appena nata lo colpì con un pugno all'occhio causandogli molto dolore.

Chissà come avranno reagito i compagni e l'allenatore quando gli è stato raccontato l'accaduto...

97

Fare l'arbitro della Premier League è un lavoro difficile; sei costantemente sotto la mira delle critiche di giocatori e allenatori per ogni decisione che prendi.

Quindi, quanto vengono pagati gli arbitri della Premier League?

Prima di tutto diciamo che sono stipendiati, quindi ricevono uno stipendio regolare e poi hanno dei bonus se arbitrano le partite più importanti.

A seconda dell'esperienza, un arbitro della Premier League potrebbe aspettarsi di guadagnare 70.000 sterline a stagione.

Lo stipendio base per un arbitro della Premier League è compreso tra le 38.000 e le 42.000 sterline a seconda della sua esperienza. Vengono quindi pagati 1.150 per ogni partita in più che arbitrano.

98

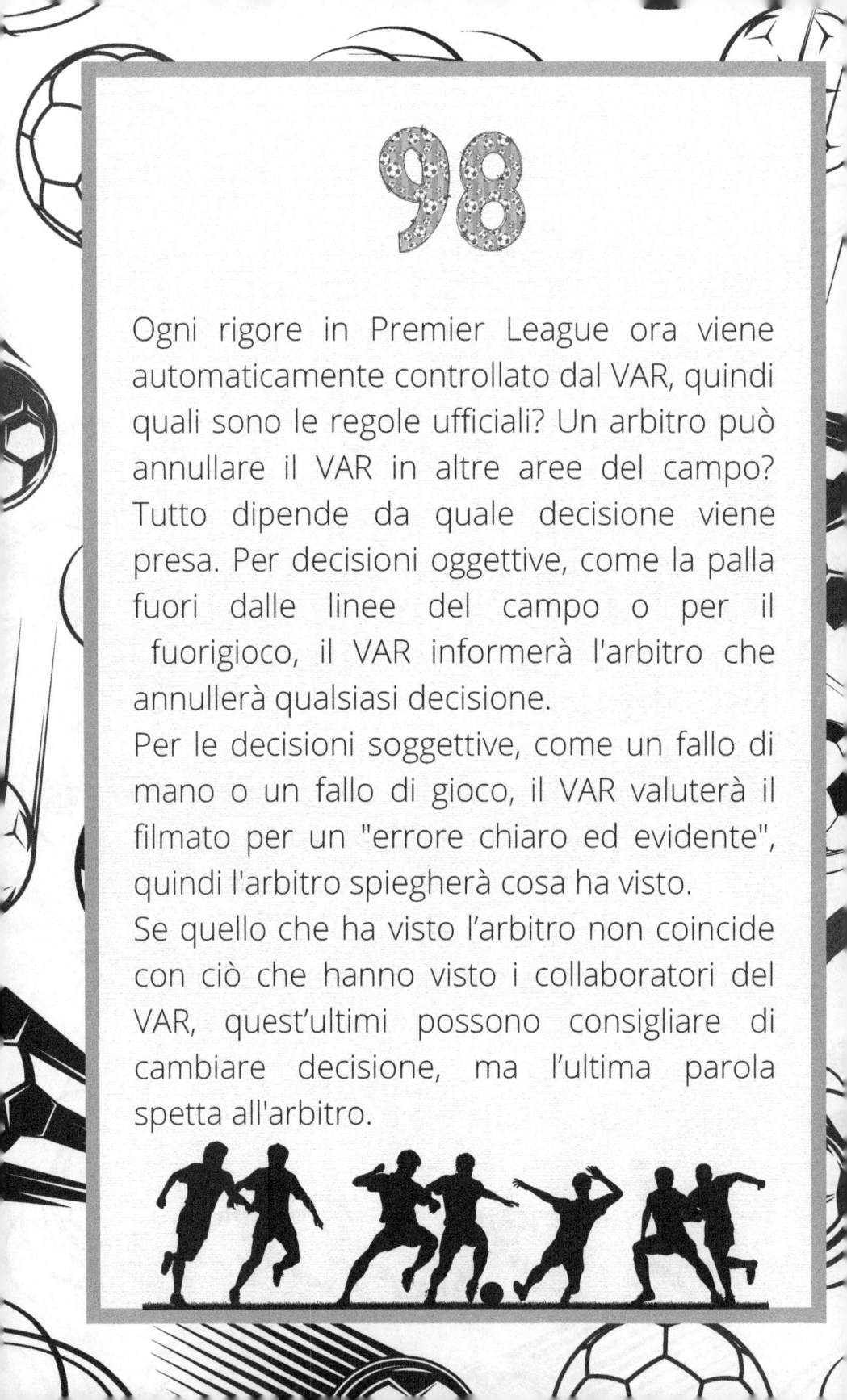

Ogni rigore in Premier League ora viene automaticamente controllato dal VAR, quindi quali sono le regole ufficiali? Un arbitro può annullare il VAR in altre aree del campo? Tutto dipende da quale decisione viene presa. Per decisioni oggettive, come la palla fuori dalle linee del campo o per il fuorigioco, il VAR informerà l'arbitro che annullerà qualsiasi decisione.

Per le decisioni soggettive, come un fallo di mano o un fallo di gioco, il VAR valuterà il filmato per un "errore chiaro ed evidente", quindi l'arbitro spiegherà cosa ha visto.

Se quello che ha visto l'arbitro non coincide con ciò che hanno visto i collaboratori del VAR, quest'ultimi possono consigliare di cambiare decisione, ma l'ultima parola spetta all'arbitro.

> 99

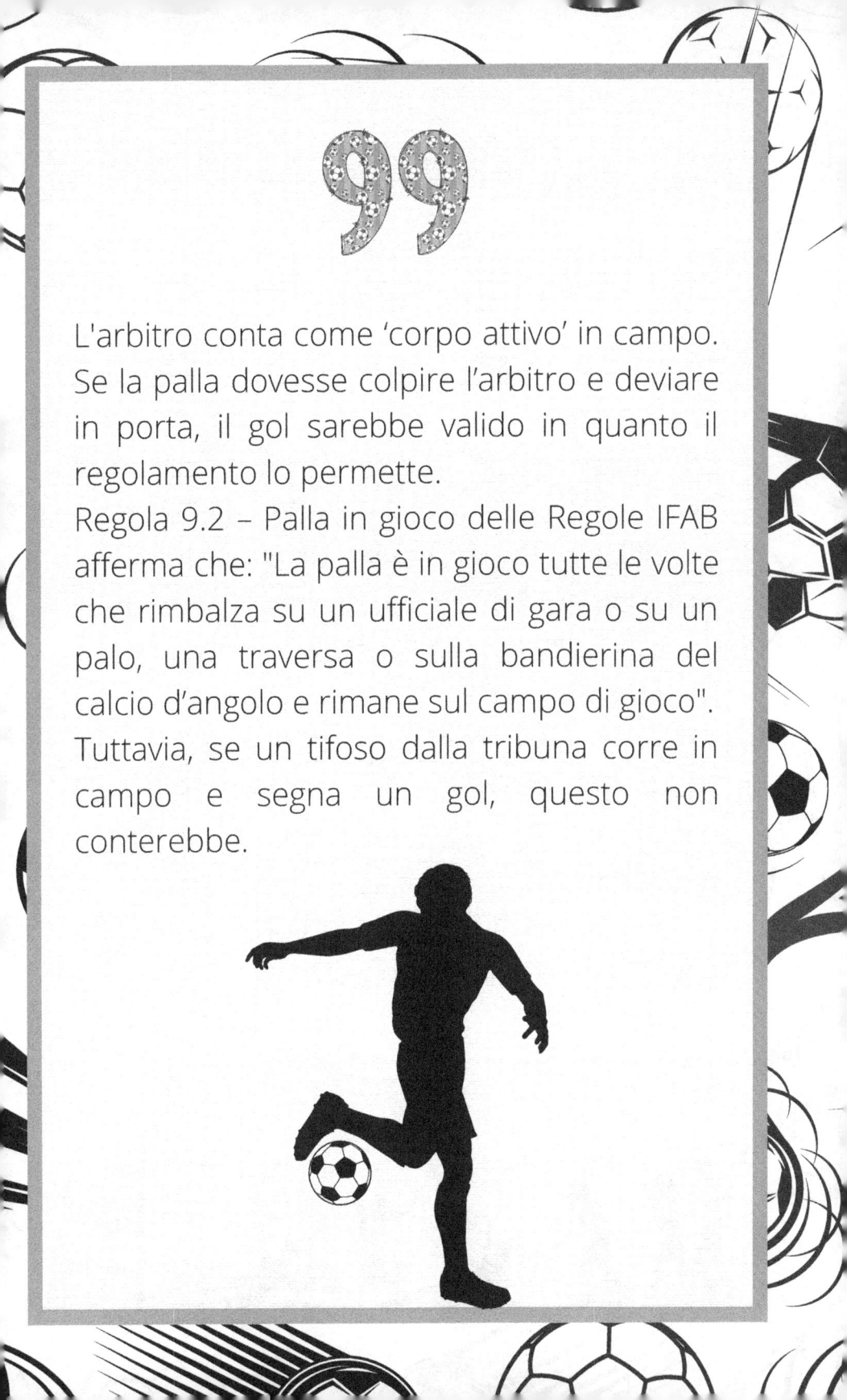

L'arbitro conta come 'corpo attivo' in campo. Se la palla dovesse colpire l'arbitro e deviare in porta, il gol sarebbe valido in quanto il regolamento lo permette.
Regola 9.2 – Palla in gioco delle Regole IFAB afferma che: "La palla è in gioco tutte le volte che rimbalza su un ufficiale di gara o su un palo, una traversa o sulla bandierina del calcio d'angolo e rimane sul campo di gioco". Tuttavia, se un tifoso dalla tribuna corre in campo e segna un gol, questo non conterebbe.

100

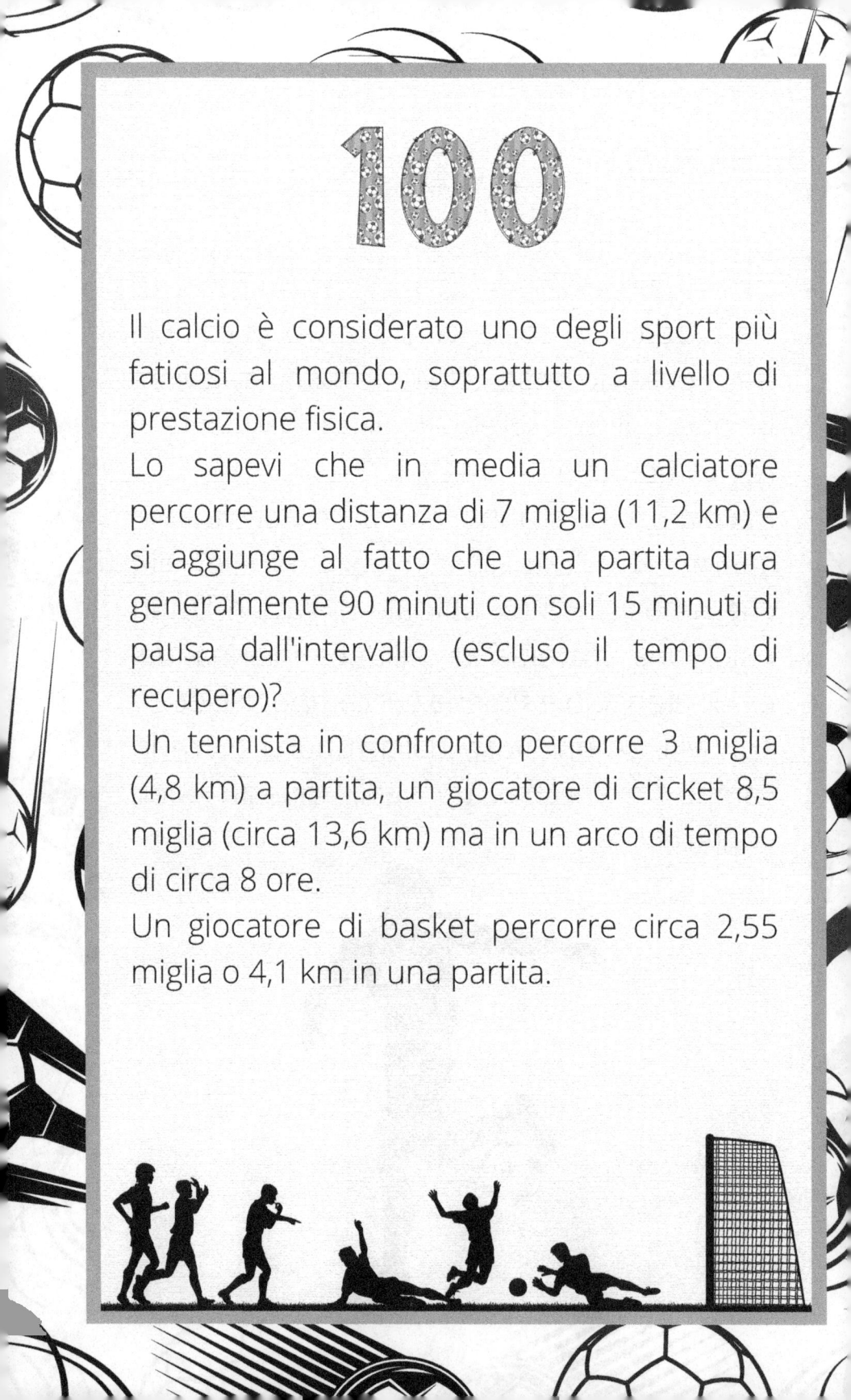

Il calcio è considerato uno degli sport più faticosi al mondo, soprattutto a livello di prestazione fisica.

Lo sapevi che in media un calciatore percorre una distanza di 7 miglia (11,2 km) e si aggiunge al fatto che una partita dura generalmente 90 minuti con soli 15 minuti di pausa dall'intervallo (escluso il tempo di recupero)?

Un tennista in confronto percorre 3 miglia (4,8 km) a partita, un giocatore di cricket 8,5 miglia (circa 13,6 km) ma in un arco di tempo di circa 8 ore.

Un giocatore di basket percorre circa 2,55 miglia o 4,1 km in una partita.

SMART FACTS ENCYCLOPEDIA È UN PROGETTO EDITORIALE MADE IN ITALY SPECIALIZZATO IN PUBBLICAZIONI PER BAMBINI, SVILUPPATO IN COLLABORAZIONE CON ESPERTI DEL SETTORE PER FORNIRE INFORMAZIONI DI QUALITÀ.

QUESTO PROGETTO NASCE DALL'ESIGENZA DI UNIRE L'APPRENDIMENTO IN ETÀ INFANTILE CON IL DIVERTIMENTO.

LA COLLANA EDITORIALE DEDICATA AI VARI 'FATTI INCREDIBILI' SUGLI ARGOMENTI PIÙ AMATI DAI BAMBINI QUALI ANIMALI, DINOSAURI, CALCIO E MOLTO ALTRO SI RIVOLGE A CHIUNQUE ABBIA UN(A) FIGLIO(A) IN ETÀ SCOLARE.

LA SODDISFAZIONE PIÙ GRANDE DI TUTTE SARÀ VEDERE IL PROPRIO BAMBINO DIVERTIRSI MENTRE LEGGE E IMPARA TANTE COSE UTILI DA UN BUON LIBRO E LONTANO DA UNO SCHERMO. NON CREDI?

SICURAMENTE LA TECNOLOGIA È UN MODO FACILE PER DISTRARLO E STIMOLARE LA SUA CREATIVITÀ, MA NON È SEMPRE LA SCELTA MIGLIORE.

SAI COS'È ANCORA PIÙ BELLO?
CHE TUTTO QUESTO LO AIUTERÀ AD OTTENERE QUELLE CAPACITÀ MENTALI E LOGICHE CHE GLI SERVIRANNO A SCUOLA PER TENERE L'ATTENZIONE SUI LIBRI E SULLO STUDIO!

LA VALIDITÀ DELLE INFORMAZIONI DI OGNI PUBBLICAZIONE È AVVALORATA DALLA POSSIBILITÀ DI POTER CONTARE SULLA COLLABORAZIONE DI PROFESSIONISTI CERTIFICATI IN AMBITO ISTRUTTIVO E PEDAGOGICO CHE RUOTANO INTORNO A 'SMART ENCYCLOPEDIA FACTS'.

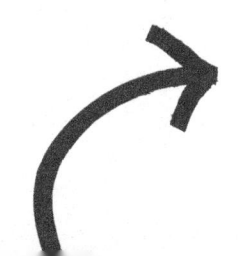

UN TEAM DI STRAORDINARIO VALORE CHE CONTINUA A FORMARSI GIORNO DOPO GIORNO.

AFFIDABILITÀ, PASSIONE E CURA NEI DETTAGLI E CIÒ CHE TROVERAI ALL'INTERNO DI SMART ENCYCLOPEDIA FACTS.

"LA COSA IMPORTANTE NON È TANTO CHE AD OGNI BAMBINO DEBBA ESSERE INSEGNATO, QUANTO CHE AD OGNI BAMBINO DEBBA ESSERE DATO IL DESIDERIO DI IMPARARE.

-JOHN LUBBOCK-

SCANNERIZZA IL QR CODE E COLLEZIONA TUTTA LA NOSTRA COLLANA

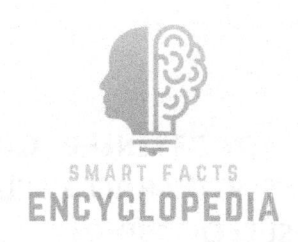

SMART FACTS
ENCYCLOPEDIA

SCAN ME

SCRIVICI PER QUALSIASI RICHIESTA E SEGUICI SUI SOCIAL!

✉ smartfactsencyclopedia@gmail.com

📷 smart_facts_encyclopedia